VERRÜCKT NACH
MARSHMALLOWS

SHAUNA SEVER

Edition
Fackelträger

fotografiert von LEIGH BEISCH

Design: Sugar/Fotografie: Leigh Beisch/Styling: Sara Slavin/Herstellung: John J. McGurk

© der englischen Originalausgabe
Quirk Books
215 Church Street/Philadelphia, PA 19106
www.quirkbooks.com

© der deutschsprachigen Ausgabe 2015
Fackelträger Verlag GmbH
Emil-Hoffmann-Str. 1/50996 Köln
Alle Rechte vorbehalten

Übersetzung aus dem Amerikanischen: Gesine Osthold, Schwalmtal
Layout und Satz: Igor Divis, Dortmund
Redaktion: Svenja K. Sammet

Printed in Poland

ISBN: 978-3-7716-4616-5
www.fackeltraeger-verlag.de

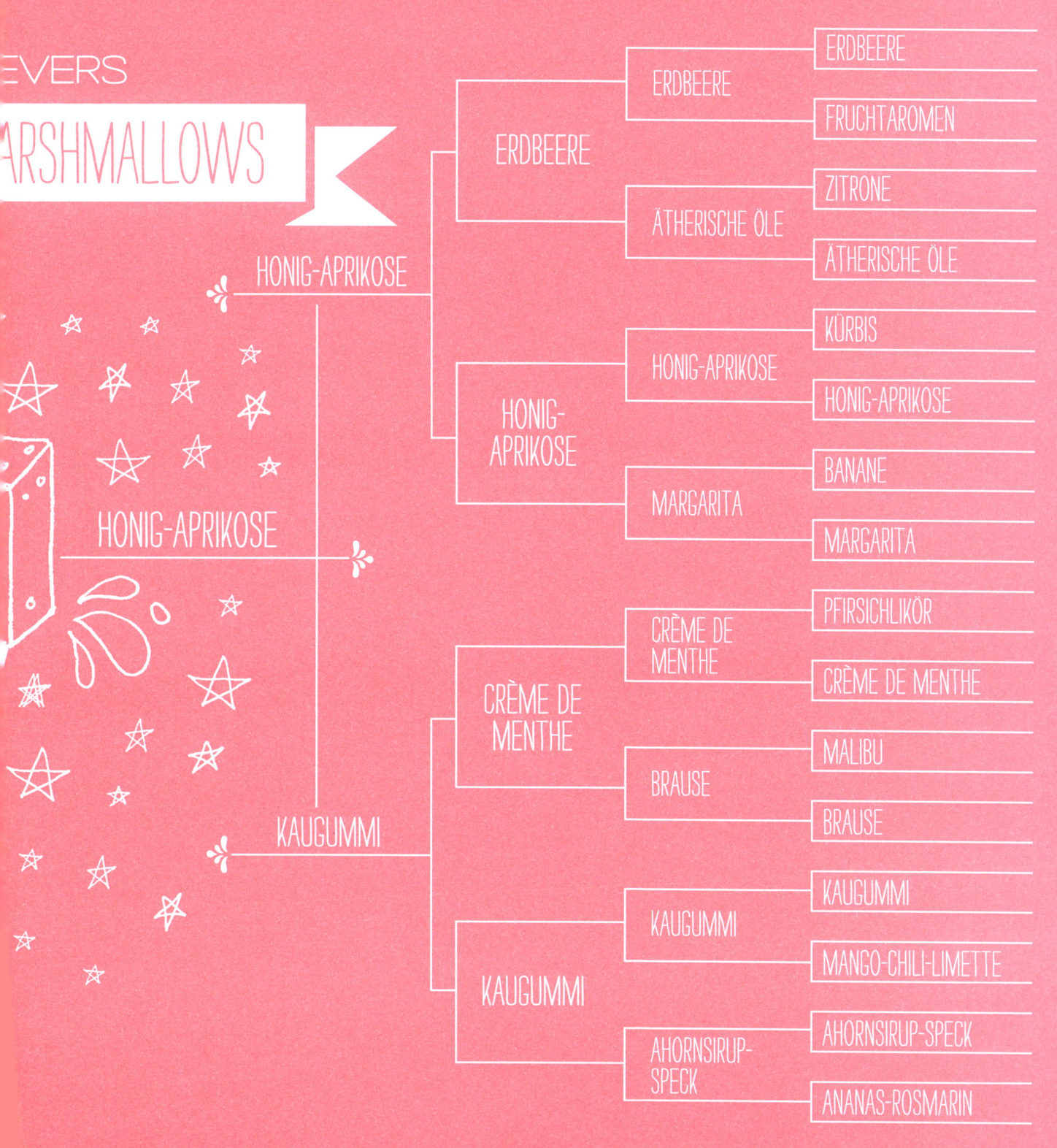

EVERS

MARSHMALLOWS

HONIG-APRIKOSE

HONIG-APRIKOSE

KAUGUMMI

ERDBEERE

ERDBEERE
ERDBEERE
FRUCHTAROMEN

ÄTHERISCHE ÖLE
ZITRONE
ÄTHERISCHE ÖLE

HONIG-APRIKOSE

HONIG-APRIKOSE
KÜRBIS
HONIG-APRIKOSE

MARGARITA
BANANE
MARGARITA

CRÈME DE MENTHE

CRÈME DE MENTHE
PFIRSICHLIKÖR
CRÈME DE MENTHE

BRAUSE
MALIBU
BRAUSE

KAUGUMMI

KAUGUMMI
KAUGUMMI
MANGO-CHILI-LIMETTE

AHORNSIRUP-SPECK
AHORNSIRUP-SPECK
ANANAS-ROSMARIN

INHALT

EINFÜHRUNG:

Marshmallows selbst machen – geht das? 5

Eine süß-klebrige Geschichte des Marshmallows 6

DIE KLASSIKER:

Marshmallows mit Vanille und Schokolade 15

FRISCH UND FRUCHTIG:

Aromavariationen mit
Fruchtpürees, Säften und Ölen 29

HAPPY HOUR:

Cocktail-inspirierte Marshmallows 43

FÜR KENNER:

Gourmet-Aromen und –Texturen 53

QUENGELZONE:

Süße Kreationen für Kinder jeden Alters 65

FLUFFIGE DESSERTS:

Klebrige Köstlichkeiten aus
Marshmallows 79

REGISTER 96

MARSHMALLOWS SELBST MACHEN
GEHT DAS?

Beginnen wir mit einer kleinen Geschichte. Ich war mit einem Fernsehprojekt über Desserts und Süßes beschäftigt. Als Dankeschön wollte ich das Team mit hausgemachten Marshmallows beglücken und stellte eine Riesenplatte Marshmallows her. Während des Fluges wollte ich unbedingt vermeiden, dass die Marshmallows im Frachtraum des Flugzeugs dahinschmolzen, weshalb ich sie im Handgepäck verwahrt hatte. Beim Sicherheits-Check wurde ich angehalten und zum Inhalt meiner Keksdosen befragt. Als ich dem korpulenten Sicherheitsbeamten mitteilte, es handle sich um hausgemachte Marshmallows, erntete ich befremdete Blicke. Ich geriet in Hektik. Hatte ich Neuigkeiten versäumt? Waren in jener Woche keine Nahrungsmittel an Bord erlaubt? Gelten Marshmallows als Gel? Ach bitte, nehmt mir nicht meine kostbare Fracht! Ich war sicher, ich würde hereingelegt.

Aber anstatt mich für meine Unkenntnis der Regeln zu schelten, sagte einer der Mitarbeiter: „Wie bitte? Das ist verrückt, gute Frau! Marshmallows kann man nicht selbst machen!". Erleichtert erwiderte ich: „Oh ja, Sir, man kann!" Und ich bot ihm eine Probe an. Unter begeisterter Zustimmung kauend, winkte er mich durch den Scanner und murmelte seinen Mitarbeitern etwas wie kulinarischer Geniestreich zu. Wahre Geschichte.

Mehr als eine Person hielt mich für verrückt, ein Buch über hausgemachte Marshmallows zu schreiben. Auch Sie werden eventuell ungläubige Blicke für Ihre Absicht ernten, Marshmallows von Grund auf selbst herzustellen. Sobald man aber eines Ihrer selbst gemachten Marshmallows gekostet hat, wird man Sie als Heldin feiern. Denn es gibt einfach nichts Köstlicheres als hausgemachte Marshmallows: fluffig-weiche Zucker-Plumeaus!

Wenn sich Ihre bisherigen Erfahrungen mit Marshmallows auf jene Produkte aus der Plastiktüte beschränken, stellen Sie sich darauf ein, dass sich Ihre Welt von Grund auf ändern wird. Sie werden feststellen, dass Sie überhaupt noch kein echtes Marshmallow gekostet haben. Und dass Sie diese Leckereien im Handumdrehen herstellen und dann andere Leute damit beschenken und ins Paradies befördern können.

Wie bei allen großen Zuckerwaren-Projekten beruht die Herstellung von Marshmallows zu gleichen Teilen auf Konditorei-Fertigkeiten und Wissenschaft – ein wirklich fantastisches Küchenprojekt. Schier endlos sind die Möglichkeiten der Aromatisierung, Vervollkommnung von Desserts und kreativen Gestaltung. Willkommen in der verrückt-süßen Welt der Marshmallows!

Eine süß-klebrige Geschichte des Marshmallows

Ich möchte wetten, Sie dachten vom Marshmallow bisher nicht anders als ich die meiste Zeit meines Lebens: Sie werden in Plastiktüten im Supermarkt verkauft. Man röstet sie am Lagerfeuer, schmilzt sie über Reis-Crispies und wirft im Winter die Mini-Version in den heißen Kakao. Und … das war's im Großen und Ganzen, stimmt's? Tatsächlich ist die Geschichte des Marshmallows viel länger, als die industriell aufgeblasenen Exemplare aus der Tüte ihre Frische zu wahren vermögen.

Gehen wir also zurück zu den erstaunlichen alten Ägyptern. Als Erste extrahierten sie den klebrig-sämigen Saft aus der Eibischwurzel, der noch heute im Bioladen zu finden ist. Sie kombinierten den Saft mit Honig, um daraus ein klebriges Konfekt herzustellen, das Süßmäuler und medizinische Zwecke gleichermaßen bediente.

Die westliche Welt verwendete dasselbe Grundkonzept, um eine frühe Version von Hustentropfen herzustellen. Innovative französische Süßwarenhersteller fügten der Urformel im 19. Jahrhundert weiteren Zucker hinzu und schlugen zudem Luft in den Sirup, um daraus ein Kaukonfekt zu machen. Die Saftextraktion war ein aufwändiges und teures Verfahren, weshalb die Eibischwurzel bald zugunsten von Gelatine (und bisweilen einer Eiweiß-Meringue wie auf Seite 24) aufgegeben wurde, um besondere Fluffigkeit und Stabilität zu erreichen.

Amerikanischer Erfindungsgeist brachte die Strangpresse hervor, mit deren Hilfe so ziemlich alle Fertig-Lebensmittel in Form gebracht werden können, sodass auf einfache Weise zum Massenprodukt wurde, was bis dato ausschließlich ein handwerkliches Produkt gewesen war. Am Ende der 1940er-Jahre waren Marshmallows zu dem Handelsprodukt geworden, das uns heute vertraut ist.

In diesem Buch bitten wir Sie jedoch, uns in die alte Schule der Marshmallow-Produktion zurückzubegleiten, d. h. die gute, alte fluffig-köstliche französische Variante und nicht das altägyptische Hustenbonbon.

Hauptzutaten für das Marshmallow

Nur eine Handvoll Zutaten werden benötigt, um den Marshmallow-Himmel zu öffnen. Hier sind die Hauptzutaten, um eine Lage Marshmallows aus ureigener Hand aufzuschlagen.

ZUCKER: Nun, ein Marshmallow ohne reichlich Zucker ist einfach kein Marshmallow. Sie benötigen guten Zucker und davon jede Menge. Ich bevorzuge reinen Rohrzucker gegenüber Rübenzucker, da er in der Regel von höherer Qualität ist und beständige Resultate erzielt. Alle Rezepte in diesem Buch, in denen Zucker verwendet wird, wurden mit reinem Rohrzucker getestet. Der Markt bietet die verschiedensten Zuckersorten an, die alle einen Versuch wert sind. Wenn Sie „natürliche" Zuckersorten wie Rohrzucker oder evaporierten Rohrzucker (wie in den Roh(r)zucker-Marshmallows auf Seite 61) erproben möchten, beginnen Sie, indem Sie lediglich eine Lage des weißen Zuckers durch nicht raffinierte Arten ersetzen.

MAISSIRUP: Diese wesentliche Zutat verhindert das Kristallisieren des Zuckers, während der Sirup kocht, und sie verleiht dem Produkt Fluffigkeit und einen weichen Biss. Dieses Produkt wird heiß diskutiert, vor allem wegen des hohen Fruktosegehalt. Viele Hersteller haben ihre Rezepte verändert, sodass ihre Produkte keine Fruktose enthalten; der Gehalt geht aus dem Etikett hervor. Ich hänge dem Prinzip alles-in-Maßen an und liebe Maissirup wegen der zuverlässigen Ergebnisse und der guten Erhältlichkeit im Supermarkt.

Falls Sie eine Allergie gegen Maissirup haben oder ihn einfach nicht verwenden möchten, experimentieren Sie mit Honig oder anderen Sirup-Arten, z. B. aus Agave, Ahorn oder braunem Reis; einige Rezepte dieses Buchs arbeiten mit diesen

Alternativen. Sie können auch das Internet nach Rezepten für hausgemachte Alternativen zu Maissirup durchforsten. Ihre Marshmallows werden dann nicht genau denen entsprechen, die mit Maissirup hergestellt wurden, aber dennoch ausgezeichnet schmecken; und Sie werden beim Experimentieren eine Wahnsinnsfreude haben.

GELATINE: Hier handelt es sich um die magische Zutat, welche das Marshmallows luftig macht und ihm seine unwiderstehliche Textur verleiht. Während Sie den heißen Zuckersirup und Gelatine miteinander aufschlagen, kühlt die eingeschlossene Luft die Mischung, die sich als leichte, luftige Masse absetzt. Die Menge der im Rezept verwendeten Gelatine bestimmt, wie fest und bissfest das Endresultat sein wird.

Auch die Art der verwendeten Gelatine spielt eine Rolle. Gelatine gibt es in vielen Formen, die häufigsten sind Pulver und Blätter. Ich arbeite gern mit Gelatineblättern, die jedoch nicht immer leicht zu finden sind. Alle Rezepte in diesem Buch wurden daher mit Pulvergelatine getestet. Beachten Sie, dass die Mengen der in Päckchen verkauften Gelatine variieren können, weshalb die angegebene Menge stets abgemessen werden sollte.

WASSER: Klingt seltsam, aber da Marshmallows nur wenige Zutaten enthalten, ist es umso wichtiger, dass wohlschmeckendes Wasser verwendet wird. Falls Ihr Leitungswasser nicht gut schmeckt, verwenden Sie Wasser aus der Flasche. Sie werden froh darüber sein.

Intensivieren Sie das Aroma von fruchtigen Marshmallows durch Verwendung von Fruchtnektaren statt Wasser. Suchen Sie nach solchen, die ausschließlich Fruchtpüree, Wasser und Zucker enthalten und keinen Maissirup mit hohem Fruktosegehalt.

SALZ: Erstaunlich wichtig in der Confiserie, verstärkt Natriumchlorid (NaCl) doch die Aromen und gleicht Süße aus, was dem Genuss sehr zuträglich ist. Ich verwende gern feines Meersalz wegen seines reinen Geschmacks, aber auch Tafelsalz erfüllt den Zweck.

VANILLEEXTRAKT: Der weitaus größte Teil der Rezepte erfordert Vanilleextrakt. Das beste Aroma ist in 100% reinem Extrakt enthalten, und nur die beste Qualität sollte verwendet werden. Eine ganz besondere Note entsteht durch Zugabe einer ausgeschabten Vanilleschote oder derselben Menge Vanillemark.

PUDERZUCKER-STÄRKE-MISCHUNG: Marshmallows benötigen eine leichte Bestäubung, damit sie nicht an den Fingern kleben und besser trocknen. In diesem Buch finden Sie zahlreiche Ideen für Marshmallow-Ummantelungen. Hier ist mein Grundrezept:

GELATINE ODER EIWEISS – WAS FLUFFT BESSER?

Hinsichtlich der Herstellung von Marshmallows existieren zwei Denkschulen. Die meisten Rezepte in diesem Buch basieren auf Gelatine und Zuckersirup. Andere Marshmallows werden jedoch auf der Grundlage von Eiweiß-Meringue hergestellt, wie z. B. das Guimauve-Rezept auf Seite 24. Ich bevorzuge Gelatine als Grundlage, da das Ergebnis etwas fester ausfällt und vielseitiger verwendbar ist, und man muss sich keine Gedanken um Lebensmittelallergien machen; auch Menschen, die prinzipiell Eiweiß meiden, sind auf der sicheren Seite. Andererseits sind auf Eiweiß basierende Marshmallows fluffige, köstliche kleine Schlemmereien, die es ganz sicher wert sind, ausprobiert zu werden.

GRUNDREZEPT:

80 g Puderzucker

20 g Maisstärke oder Kartoffelstärke

Zutaten in einer großen Schüssel zusammensieben oder in der Küchenmaschine verrühren. Ich stelle meist mehrere Portionen gleichzeitig her, die ich in luftdichten Behältern verwahre: Sie halten ewig.

Die klassische Puderzucker-Stärke-Mischung ohne Zusätze eignet sich für jedes Rezept in diesem Buch. Es kann auch reine Maisstärke oder Kartoffelstärke verwendet werden. Die Puderzucker-Stärke-Mischung trägt zudem zu Aroma und Textur bei und man kann damit den Marshmallows eine persönliche Note verleihen. Wenn die Puderzucker-Stärke-Mischung fertiggestellt ist, die für das Rezept benötigte Menge entnehmen und mit dem Schneebesen (bzw. mit der Küchenmaschine für Zutaten, die sehr fein gemahlen sein müssen) alle erdenklichen Aromen hinzufügen.

Sie werden bemerken, dass die Rezepte in diesem Buch alle entweder die Hinzufügung verschiedener Gewürze oder anderer Zutaten verlangen bzw. auf die Puderzucker-Stärke-Mischung verzichten, um die Marshmallows stattdessen mit gerösteten Kokosraspeln, geriebenen Nüssen oder zerstoßenen Crackern zu ummanteln.

Arbeitsmittel

Einige Grundarbeitsmittel sind unverzichtbar, ausgefallene oder teure Werkzeuge sind jedoch nicht erforderlich. Hier sind einige gewöhnliche Küchenwerkzeuge, welche die Arbeit einfacher und angenehmer machen.

BONBONTHERMOMETER: Betrachten Sie es während des Kochens von Zuckersirup als Ihr Gehirn – es übernimmt das ganze Denken für Sie. Behalten Sie es einfach im Auge, bis die im Rezept angegebene Temperatur erreicht ist.

TÖPFE, GROSS UND KLEIN: Bei der Herstellung von Marshmallows verwende ich einige verschiedene Größen. Mein geliebter 1,5-l-Topf erweist sich für die Herstellung der kleineren Sirupmengen vieler Rezepte als sehr nützlich. Einige Rezepte empfehlen einen mittleren oder großen Topf für Sirupe, die leicht aufkochen. Am wichtigsten ist die Faustregel, dass der Topf nicht so groß sein darf, dass die Oberfläche des kochenden Sirups das Bonbonthermometer nicht erreicht.

MESSBECHER, WAAGE & CO: Das zum Messen und Wiegen verwendete Werkzeug sollte in der Regel trocken sein. Klebrige Dinge wie Maissirup und Honig gleiten am besten aus Bechern und Löffeln, wenn diese zuvor mit etwas Antihaft-Kochspray besprüht wurden.

KLEINE, HITZEBESTÄNDIGE SCHNEEBESEN: Perfekt zum Schlagen der gequollenen Gelatine und Einrühren von Zutaten in heiße Sirupe.

BIEGSAME, HITZEBESTÄNDIGE SPATELN: Unverzichtbar in der Marshmallow-Küche, um heiße Sirupe und Gelatine umzurühren, kochenden Sirup in die Rührschüssel zu schaben, Zutaten unter den Marshmallow-Teig zu heben und das Ganze dann sauber in die vorbereitete Form zu schaben.

STANDMIXER/ELEKTROMIXER: Für eine angenehme Zubereitung der Marshmallows empfehle ich einen leistungsstarken, elektrischen Standmixer. Die Herstellung mit dem Handmixer ist möglich aber äußerst mühsam, und ich

KALIBRIEREN

Vor Gebrauch muss Ihr Thermometer kalibriert werden, damit ein genaues Abmessen gewährleistet ist. Bonbonthermometer werden in aller Welt hergestellt, weshalb die Chancen gering sind, dass Ihres ausgerechnet auf der Höhe hergestellt wurde, auf der Sie leben. Wasser kocht je nach Höhe bei verschiedenen Temperaturen. Ich wohne in San Francisco auf Meereshöhe, weshalb der Siedepunkt dort bei 100 °C liegt. Meine Schwester lebt im hoch gelegenen Denver, wo der Siedepunkt bei 95 °C erreicht ist. Diese 5 °C bilden eine augenscheinliche Differenz, aber auch eine geringere kann bereits den Unterschied zwischen Kau- und Lutschbonbon ausmachen.

Es ist leicht herauszufinden, wo Sie mit Ihrem Thermometer stehen: Bringen Sie Wasser in einem kleinen Topf zum Sieden. Klemmen Sie das Thermometer an den Topf und geben Sie ihm 10 Minuten Zeit, um die Temperatur stabil zu registrieren. Das ist Ihr Ausgangspunkt. Die Differenz, die zwischen diesem Punkt und 100 °C liegt, muss zu den in den Rezepten angegebenen Temperaturen hinzugefügt, bzw. von ihnen abgezogen werden. Damit ich das ja nicht vergesse, notiere ich diese Differenz mit Permanentstift auf dem Thermometer, aber in dieser Hinsicht bin ich halt pingelig.

Oh, und noch etwas: Stellen Sie immer, immer sicher, dass das Thermometer frei im Sirup hängt und nicht auf dem Boden des glühend heißen Topfs aufliegt, was die abgelesene Temperatur drastisch verfälschen würde.

kenne mehr als einen Fall, wo der Motor vor Überanstrengung barst. Ein Standmixer erlaubt es in der kritischen ersten Phase, beide Hände zu benutzen, um den gesamten Sirup in die Rührschüssel zu bekommen. Und für einige Rezepte wie hausgemachte Marshmallow-Creme (S. 26), die extrem steif wird, ist ein Standmixer das einzige Arbeitspferd, das diesem Job gewachsen ist.

(BACK)FORM, 20 X 20 CM: Alle hier aufgeführten Marshmallow-Rezepte ergeben eine Teigmenge, die leicht in eine Form dieser Größe passt. Mit einem **Pizzaschneider** oder einer **Küchenschere** (auch ausgezeichnete Marshmallow-Werkzeuge) kann die Masse dann sauber in Vierecke geschnitten werden. Das Maß von 20 x 20 cm ist jedoch lediglich ein Anhaltspunkt. Die Marshmallow-Masse kann in Gefäße oder Formen jeder Größe und Gestalt gegossen werden, um die Marshmallows dicker oder dünner werden zu lassen; jede Form muss jedoch eingefettet werden – ich empfehle Antihaft-Kochspray. Wenn die Rezeptmenge verdoppelt werden soll, empfiehlt sich die Verwendung einer Form von 23 x 33 cm.

SPRITZBEUTEL UND TÜLLEN: Äußerst nützlich, um Marshmallow-Teig sauber in Bonbonformen und die verschiedensten lustigen Umrisse zu spritzen. Auch ein großer **Plastikbeutel mit Reißverschluss** an der Oberseite und abgeschnittenem Zipfel eignet sich für diese Tätigkeit.

 Tipps und Tricks zur Herstellung von Lollis, Strängen und anderen Fantasiegebilden wie denjenigen auf dem Cover finden sich im Kapitel „Tipps und Tricks für ausgefallene Marshmallows" auf Seite 41.

KLEINES, ABGEWINKELTES PALETTENMESSER: Das perfekte Werkzeug, um Marshmallow-Teig glatt in die Form zu streichen.

BACKFORM EINFETTEN: Marshmallows sind eine klebrige Angelegenheit. Zum Einfetten der Backform eignen sich Butter, Öl, Pflanzencreme oder Kochspray. Überschüsse und Pfützen- oder Blasenbildungen in der Form sollten entfernt werden.

WERKZEUGE ZUM UMMANTELN DER MARSHMALLOWS: Fertige Marshmallows mit einer Puderzucker-Stärke-Mischung zu versehen, kann eine ziemlich klebrige und schmierige Angelegenheit sein, aber es gibt Abhilfe, um das Chaos einzudämmen. Wenn es an der Zeit ist, die Marshmallows zu schneiden und zu überziehen, schütten Sie die Puderzucker-Stärke-Mischung in eine **große Rührschüssel**. Stellen Sie ein **Sieb** ähnlicher Größe bereit. Schneiden Sie die Marshmallow-Platte in Vierecke (bzw. die gewünschten Formen). Werfen Sie jeweils einige Marshmallows in die Schüssel mit Puderzucker-Stärke-Mischung und rollen Sie sie herum. Werfen Sie sie in das Sieb und schütteln Sie es über der Schüssel, um die überschüssige Puderzucker-Stärke-Mischung abzuschütteln, die (hoffentlich) in der Schüssel und nicht über die Arbeitsfläche verteilt landen wird.

LEBENSMITTELFARBEN IN GELFORM: Halten Sie diese hoch konzentrierten Farben stets für alle Arten von lustigen Lebensmittelprojekten bereit. Die pastösen Farben ermöglichen, dass man mit wenig weit kommt, und da es sich um Gels und nicht um Flüssigkeiten handelt, wird die Konsistenz des Marshmallow-Teigs nicht beeinträchtigt. Selbstverständlich ist die Verwendung von Lebensmittelfarben optional, aber ich liebe einfach den festlichen Look, den ein paar Tropfen Farbe hervorzaubern können. Und da ich der Meinung bin, man sollte den Speisen ansehen, wonach sie schmecken, verwende ich oft ein oder zwei Tropfen, um die Farbe des Teigs etwas zu intensivieren, wenn ich natürliche Zutaten wie Fruchtpürees verwendet habe. Halten Sie den Mixer zuerst an, bevor Sie die Farbe zum Teig geben, damit die Farbe nicht in der ganzen Schüssel herumwirbelt.

Tipps und Techniken für die Marshmallow-Herstellung

Wie bei allem Zuckerwerk beruht die Voraussetzung dafür, Marshmallows mit Lust statt Frust herzustellen, darin, alle, wirklich alle Werkzeuge bereitzulegen, bevor mit der eigentlichen Zubereitung begonnen wird. Lesen Sie also die Rezepte mehrmals und legen Sie alle Werkzeuge in greifbare Nähe. Sobald nämlich der Sirup die richtige Temperatur erreicht hat, geht es los! Heißer Zuckersirup duldet keinen Aufschub, weshalb die Gelatine sich zusammen mit dem Schuss Maissirup bereits in der Rührschüssel und in Bewegung befinden muss, sodass der Sirup nur noch hineingetropft werden muss. Darüber hinaus beginnt die Marshmallow-Masse sofort fest zu werden, sobald sie ausreichend geschlagen worden ist, weshalb sie rasch in die vorbereitete Form geschabt (oder in Förmchen gespritzt) und geglättet werden muss, solange sie noch nicht zu fest ist.

Die Herstellung Ihres ersten Marshmallow-Teigs wird einschließlich Vorbereitungsarbeiten ca. 30 Minuten in Anspruch nehmen. Sobald Sie etwas Routine erlangt haben, wird sich diese Zeit verkürzen. Die Marshmallows brauchen mindestens 6 Stunden Ruhezeit; die benötigte Zeit zum Erkalten und Festigen ist jeweils im Rezept angegeben.

Alle Rezepte in diesem Buch folgen mehr oder weniger dem gleichen Grundschema, das im Folgenden aufgeführt ist. Mithilfe der Symbole dient dieses Kapitel der Schnellsuche, wenn Sie während der Zubereitung etwas schnell noch einmal nachschlagen möchten.

GELATINE ZUBEREITEN

Vor der Verwendung muss die Gelatine in Flüssigkeit quellen. Setzen Sie die Gelatine frühzeitig an, damit sie genug Zeit hat, die Flüssigkeit vollständig aufzunehmen. Füllen Sie kaltes Wasser oder andere Flüssigkeiten zunächst in eine hitzebeständige Schüssel und streuen Sie die Gelatine vor dem Aufschlagen darüber. Auf diese Weise entstehen weniger Klumpen.

Ich empfehle 5–10 Minuten Quellzeit, aber es ist unmöglich, die Quellzeit zu überschreiten – lieber zu lang als zu kurz. Vor Verwendung der aufgequollenen Gelatine löse ich sie 20–30 Sekunden lang in der Mikrowelle (oder über simmerndem Wasser) auf, um sie dann gründlich aufzuschlagen. Schließlich reibe ich ein wenig der Mischung zwischen den Fingern, um sicherzustellen, dass keine nicht aufgelösten Körnchen darin sind, bevor ich die Gelatine in die Rührschüssel gebe.

SIRUP HERSTELLEN

Die Grundlage für alle Rezepte in diesem Buch ist eine Mischung aus Zucker, Maissirup, Wasser und 1 Prise Salz, zu einem Sirup geschmolzen und dann bis zu einer bestimmten Temperatur aufgekocht. Je nach Aroma gebe ich zusätzliche Flüssigkeiten hinzu. Was immer sich nun im Siruptopf befindet, wird bei starker Hitze sanft zusammengerührt. Wenn sich der Zucker aufgelöst hat und der Sirup blubbert, wird ein Bonbonthermometer an den Topf geklemmt. Nun muss man lediglich das Thermometer im Auge behalten, bis es die im Rezept angegebene Temperatur erreicht hat. Ggf. bzw. sofern im Rezept angegeben, kann die Mischung gelegentlich umgerührt werden, damit sie nicht anbrennt.

In dieser Phase werden die zubereitete Gelatine, der heiße Zuckersirup und Luft mithilfe des Elektromixers zusammengefügt … und es geschieht reine, fluffige Magie. Ich werde niemals müde zu beobachten, wie die frische Marshmallow-Masse im Mixbehälter aufbrandet. In dieser Phase können weitere Aromen in die Masse gegeben werden und die Masse kann in die vorbereitete Form gegossen oder gespritzt und bestäubt werden, bevor sie ruht.

MARSHMALLOWS HERSTELLEN

Vielleicht werden Sie feststellen, dass meine Art der Marshmallow-Herstellung sich von den meisten anderen Methoden unterscheidet. In vielen Rezepten wird die aufgequollene Gelatine in den heißen Sirup geschlagen, wonach die gesamte Masse in den bei hoher Geschwindigkeit laufenden Standmixer gegossen wird. Ich bin nach dieser Methode vorgegangen und habe festgestellt, dass eine große Menge Zuckersirup an die Seiten der Schüssel spritzt, anstatt sich mit der Marshmallow-Masse zu verbinden, abgesehen von der Gefahr, dass der Mixer beim Rühren der zu festen Masse in Flammen aufgeht. Nicht köstlich, sondern ganz schön gefährlich.

Ich bevorzuge es stattdessen, die notwendige Menge Maissirup zu teilen und eine Hälfte in den Mixbehälter und die andere in den Topf zu geben. Die gequollene Gelatine gebe ich dann zum Maissirup im Mixbehälter. Sobald dann der heiße Zuckersirup dazukommt, befindet sich bereits genügend zähflüssige Masse in der Schüssel, um die heiße Flüssigkeit aufzunehmen und zu verhindern, dass Letztere an meine Küchendecke geschleudert wird. Dieses ist auch ein guter Moment, auf die extreme Gefährlichkeit von Zuckersirup hinzuweisen. Zuckersirup wird sehr viel heißer als kochendes Wasser, und wenn er auf die Haut gelangt, haftet er umgehend an und brennt weiter. Achten Sie also darauf, dass Sie beim Erhitzen des Sirups nicht zu dicht herankommen, und tragen Sie einen Ofenhandschuh, während Sie den Sirup mit gebührlichem Abstand in die Rührschüssel geben. Halten Sie sich an die im Rezept angegebenen Schlagzeiten und Mixgeschwindigkeiten, um festzulegen, wann die Marshmallow-Masse ausreichend geschlagen ist. Auf der Grundlage von 10 Geschwindigkeitsstufen folgt nun eine Faustregel der Geschwindigkeitseinstellungen:

NIEDRIG = 2   MITTEL = 5 BIS 6   MITTEL BIS HOCH = 8   HOCH = 10

Wird die Masse nicht ausreichend geschlagen, ergeben sich feste, schwere Marshmallows. Zu starkes Schlagen führt dazu, dass die Gelatine vorzeitig fest wird und verhindert, dass die Masse gleichmäßig in die Form gegossen und geglättet werden kann. Eine gut geschlagene Masse hat gerade begonnen, in der Schüssel aufzubranden und am Rührbesen emporzuklettern. Wenn Sie den Mixer anhalten, sollte die Masse ganz leicht am Rührbesenaufsatz absacken, jedoch nicht flüssig aussehen. Wenn Sie den Rührbesenaufsatz aus der Masse ziehen, sollte diese einen weichen Umriss wahren. Feuchtigkeit und Temperatur im Raum haben Einfluss darauf, wie schnell dieses geschieht, was bei der Begutachtung des Fertigkeitsgrades zu berücksichtigen ist. Nach einigen Durchgängen werden Sie absolut in der Lage sein, mit den Augen festzustellen, wann die Masse richtig geschlagen ist.

Bevor Sie nun auf den Gedanken kommen, die Herstellung von Marshmallows sei eine Art militärischer Operation, nach deren Vollzug Sie erst mal einen Erholungsschlaf und einen steifen Drink benötigen, beherzigen Sie meinen Rat: Die Herstellung der Marshmallows macht einfach viel mehr Spaß und ist erfolgreicher, wenn Sie vor Arbeitsbeginn alles bereitstellen und sich mit dem Arbeitsprozess vertraut machen. Und mal ehrlich, was macht glücklicher und mehr Freude als ein herrlich fluffiges Marshmallow?

DIE AUFBEWAHRUNG DER MARSHMALLOWS

Marshmallows werden am besten an kühlen, trockenen Orten aufbewahrt und unter ebensolchen Bedingungen hergestellt. Während des Reifungsprozesses muss das Marshmallow austrocknen, um seine optimale Textur zu wahren, was bei Feuchtigkeit oder Regenwetter so gut wie unmöglich ist. Während der Ruhephase und Lagerzeit müssen die Marshmallows so trocken bleiben wie möglich. Der Kühlschrank erscheint auf den ersten Blick als geeignet, aber häufig birgt gerade er eine Menge Feuchtigkeit. Oft ist die Arbeitsoberfläche die bessere Wahl.

Nachdem die Masse in der Form ist und gut bestäubt worden ist, sollte sie unbedeckt trocknen. Die geschnittenen Marshmallows sollten in Einzelschichten in einem zugedeckten Behälter aufbewahrt werden. Eine Ecke sollte leicht geöffnet sein, um etwas Luftzirkulation zu ermöglichen. (Sofern aufgrund der hohen Luftfeuchtigkeit für mehr Trockenheit gesorgt werden muss, kann zwischen jede Lage ein Blatt bestäubtes Küchenpapier gelegt werden.) Sie werden bemerken, dass einige Aromen schlechter trocknen als andere (vor allem Fruchtaromen), was aber nicht schlimm ist. Bestäuben Sie Marshmallows, die außen feucht sind, mit einer Extraschicht und lassen Sie sie unbedeckt auf einem Backblech ausgebreitet nachtrocknen, bevor Sie sie einpacken und lagern. Sofern diese Situation aufgrund der Verwendung bestimmter Zutaten bei manchen Rezepten vorhersehbar ist, habe ich im Rezept eine diesbezügliche Anmerkung eingefügt.

DANKSAGUNG

Vielen Dank an das fantastisch kreative und engagierte Team bei Quirk Books, das dieses Buch zustande kommen ließ; vor allem danke ich meiner Lektorin Margaret McGuire für ihre unermüdliche Unterstützung. Vielen Dank an Alexis Soterakis, der mir bei meinem ersten Buchvertrag zur Seite gestanden hat. Ein riesiges, herzliches Dankeschön an die gesamte Mannschaft bei Leigh Beisch Photography und die hervorragende Stylistin Sara Slavin. Meine große Dankbarkeit gilt Dave für seine vegane Marshmallow-Inspiration sowie Rosie Alyea, die mich mit einer frühen Version von Blonde Rocky Road bekannt gemacht hat. Dickes Küsschen für die wundervollen Leser meines Blogs „Piece of Cake", Sara, Erin, Lauren, Christina und Steph, die mir eine stete Quelle persönlicher Unterstützung waren; für meine wundervolle Familie, vor allem Mom und Tiff, die immer da waren und mir mit ihrer Liebe Aufwind gaben. Und für meine Schätze Scott und Caroline, die weit mehr Marshmallows verkostet haben, als ein Mensch jemals zu sich nehmen sollte – ihr zwei seid die süßesten Wesen in meinem Leben.

DIE KLASSIKER

Marshmallows mit Vanille und Schokolade

Wie könnte man eine süß-fluffige Party besser beginnen, als mit den zeitlosen Aromen von Vanille und Schokolade? Sobald es Ihnen gelingt, das perfekte Vanille-Marshmallow aufzuschlagen, sind Sie fit für die unbegrenzten Möglichkeiten des Aromatisierens – eine leere Leinwand, die nur darauf wartet, mit fantasievollen Kreationen bedeckt zu werden. Und jeder weiß: wo Vanille ist, ist auch Schokolade. Eine Kombi, die nicht schiefgehen kann.

VANILLE CLASSIC	16
Schokochips	17
Torrone	17
Cookies und Creme	17
Mini-Marshmallows	17
DUNKLE SCHOKO-MARSHMALLOWS	18
Schoko-Pfefferminz	18
Mokka	18
VANILLE MIT SCHOKO-FÜLLUNG	19
Marshmallows mit Kahlua-Füllung	21
Marshmallows mit Konfitüre-Füllung	21
Marshmallows mit Rosenöl-Füllung	21
Marshmallows mit Schokoriegel-Füllung	21
SCHOKO-MALZ	22
GUIMAUVE	24
VANILLE VEGAN	25
MARSHMALLOW-CREME	26
Vollkornkekse selbst backen	27

MARSHMALLOWS VANILLE CLASSIC

Ergibt ca. 24 Marshmallows von ca. 4 cm

Eine Form von 20 x 20 cm leicht einfetten.

GELATINE: Gelatine und 120 ml kaltes Wasser in einer kleinen Schüssel aufschlagen und 5 Minuten einweichen.

SIRUP: Zucker, die Hälfte des Maissirups, 60 ml Wasser und Salz in einem mittleren Topf bei großer Hitze vermengen. Unter gelegentlichem Umrühren kochen, bis die Temperatur 115 °C erreicht hat. In der Zwischenzeit die andere Hälfte des Maissirups in den Mixbehälter eines Elektromixers mit Rühraufsatz geben. Gelatine in der Mikrowelle ca. 30 Sekunden lang auf hoher Stufe vollständig auflösen. In den Mixbehälter geben. Mixer bei niedriger Geschwindigkeit laufen lassen.

MARSHMALLOWS: Wenn der Sirup 115 °C erreicht hat, diesen langsam in den Mixbehälter gießen. Auf mittlere Geschwindigkeit erhöhen und 5 Minuten schlagen. Auf mittlere bis hohe Geschwindigkeit erhöhen und weitere 5 Minuten schlagen. Auf höchster Stufe 1–2 Minuten schlagen und dabei den Vanilleextrakt hinzufügen; die fertige Marshmallow-Masse sollte mattweiß und fluffig sein und ihr Volumen verdreifacht haben. Masse in die vorbereitete Form füllen und mithilfe des abgewinkelten Palettenmessers glatt in die Ecken streichen. Die Puderzucker-Stärke-Mischung gleichmäßig und großzügig über die Oberfläche sieben. An einem kühlen, trockenen Ort mindestens 6 Stunden ruhen lassen.

Mit einem Messer die Marshmallow-Platte von den Rändern der Form lösen. Die Platte auf eine mit Puderzucker-Stärke-Mischung bestäubte Arbeitsoberfläche stürzen und nochmals bestäuben. Stücke in der gewünschten Größe ausschneiden (für Vierecke eignet sich gut ein Pizzaschneider). Die klebrigen Ränder der Marshmallows in die Puderzucker-Stärke-Mischung tauchen und Überschuss abklopfen.

Der Vanillegeschmack lässt sich erheblich intensivieren, wenn zusammen mit dem Vanilleextrakt eine ausgeschabte Vanilleschote oder etwas Vanillemark (s. Eintrag zu Vanilleextrakt im Kapitel „Hauptzutaten" auf Seite 7) hinzugefügt wird.

Gelatine:
4 TL geschmacks-neutrales Gelatinepulver

Sirup:
150 g Zucker
120 ml Maissirup
⅛ TL Salz

Marshmallows:
2 TL reiner Vanilleextrakt
120 g klassische Puder-zucker-Stärke-Mischung (S. 8), zzgl. ein wenig zum Bestäuben

NOCH MEHR MARSHMALLOWS

Schokochips-Marshmallows: 90 g Mini-Halbbitter-Schokochips unterheben, bevor die Marshmallow-Masse in die Form gegossen wird.

Torrone-Marshmallows: In der Sirup-Phase die Hälfte des Maissirups durch 2 EL Honig ersetzen. 35 g geröstete, gehackte, gesalzene Pistazien und 30 g getrocknete, gesüßte Cranberries unter die vollständig geschlagene Masse heben.

Marshmallows „Cookies und Creme": 30 g zerstoßene Oreo-Kekse unter die geschlagene Marshmallow-Masse heben. Außerdem können die fertig geschnittenen Marshmallows in zerstoßenen Keksen statt in der Puderzucker-Stärke-Mischung gewälzt werden.

MINI- MARSHMALLOWS HAUSGEMACHT

Diese kleinen Köstlichkeiten sind leicht herzustellen und (leider) ebenso schnell verputzt, wenn man nicht aufpasst. Ein großes Backblech mit Pergamentpapier auslegen und großzügig mit der Puderzucker-Stärke-Mischung (S. 8) bestäuben. Eine Lage Marshmallows Vanille Classic herstellen, dabei jedoch die letzte Minute des Schlagens auf hoher Geschwindigkeit unterlassen. Stattdessen die Vanille in der letzten Minute bei mittlerer bis hoher Geschwindigkeit hinzufügen. Die Masse in einen großen Spritzbeutel mit großer Spritzgebäcktülle (oder einen Plastikbeutel mit Reißverschluss verwenden und eine Spitze abschneiden) füllen. Von der Marshmallow-Masse lange Linien in parallelen Reihen auf das Backblech spritzen. Mit Puderzucker-Stärke-Mischung bestäuben und ruhen lassen. Wenn die Masse fest ist, mit der Küchenschere die Marshmallow-Stränge in 2,5 cm lange Abschnitte zerschneiden. Die Mini-Marshmallows in der Puderzucker-Stärke-Mischung auf dem Backblech wälzen und Überschuss abklopfen.

DUNKLE SCHOKO-MARSHMALLOWS

Ergibt ca. 24 Marshmallows von ca. 4 cm

Eine Form von 20 x 20 cm leicht einfetten.

GELATINE: Gelatine und 120 ml kaltes Wasser in einer kleinen Schüssel vermengen. 5 Minuten lang einweichen.

SCHOKO-SIRUP: Im Mixbehälter eines Elektromixers Kakaopulver, Espressopulver und 60 ml heißes Wasser vermengen, bis die Masse glatt ist. Maissirup einrühren.

SIRUP: Zucker, Maissirup, 60 ml Wasser und Salz in einem mittleren Topf bei hoher Hitze vermengen. Unter gelegentlichem Umrühren kochen, bis 120–121 °C erreicht sind. Die Gelatine ca. 30 Sekunden auf hoher Stufe in der Mikrowelle vollständig auflösen. Gelatine in den Schoko-Sirup gießen. Mixer auf kleine Geschwindigkeit stellen und laufen lassen.

MARSHMALLOWS: Wenn der Sirup 120–121 °C erreicht hat, diesen langsam in den Mixbehälter des Elektromixers gießen. Auf mittlere Geschwindigkeit erhöhen und 5 Minuten schlagen. Auf mittlere bis hohe Geschwindigkeit erhöhen und weitere 5 Minuten schlagen. Auf höchste Geschwindigkeit erhöhen und weitere 3–5 Minuten schlagen, dabei in der letzten Minute den Vanilleextrakt hinzufügen. Die fertige Marshmallow-Masse hat ihr Volumen verdreifacht. Die Masse in die vorbereitete Form geben und mit dem abgewinkelten Palettenmesser glatt in die Ecken streichen. Puderzucker-Stärke-Mischung gleichmäßig über die Oberfläche verteilen. An einem kühlen, trockenen Ort ca. 6 Stunden ruhen lassen.

Mit einem Küchenmesser die Marshmallow-Platte von den Rändern der Form lösen. Die Platte auf eine mit Puderzucker-Stärke-Mischung bestäubte Arbeitsoberfläche stürzen und nochmals bestäuben. In Stücke schneiden und die klebrigen Seiten in Puderzucker-Stärke-Mischung tauchen. Überschuss abklopfen.

NOCH MEHR MARSHMALLOWS

Schoko-Pfefferminz-Marshmallows: Einfach einen ½ TL reinen Minzextrakt zusammen mit der Vanille hinzufügen.

Mokka-Marshmallows: Sowohl in der Gelatine-Phase als auch im Schoko-Sirup das Wasser durch aufgegossenen Kaffee ersetzen: Kalter Kaffee für die Gelatine, warmer für den Schoko-Sirup.

Gelatine:
5 TL	geschmacksneutrales Gelatinepulver

Schoko-Sirup:
3 EL	dunkles, ungesüßtes Kakaopulver*
¾ TL	Espresso-Instantpulver**
60 ml	heller Maissirup

Zuckersirup:
200 g	Zucker
60 ml	heller Maissirup
¼ TL	Salz

Marshmallows:
1 T	reiner Vanilleextrakt
120 g	Puderzucker-Stärke-Mischung (S. 8), mit
1 EL	Kakaopulver vermengt

* Kaufen Sie das dunkelste Kakaopulver, das Sie finden können. Bei diesem Rezept kommt es wirklich auf die Qualität an. Mein Favorit ist Valrhona-Kakaopulver.

** Das Instant-Espressopulver kann durch 1 ½ TL Instant-Kaffeegranulat ersetzt werden. Kaffee verstärkt den Schokogeschmack wohltuend.

VANILLE-MARSHMALLOWS MIT SCHOKO-FÜLLUNG

Ergibt ca. 36 Marshmallows von knapp 4 cm

36 Mulden von Mini-Muffin-Blechen mit Kochspray einfetten. Einen großen Spritzbeutel mit einer großen runden Tülle ausstatten. Einen kleinen Spritzbeutel, bzw. Plastikbeutel mit Reisverschluss und eine Schere bereitlegen.

MARSHMALLOWS: Eine Portion Marshmallows Vanille Classic herstellen. Während der Aufschlagphase die Masse bei mittlerer Geschwindigkeit 5 Minuten schlagen, dann auf mittlere bis hohe Geschwindigkeit erhöhen und weitere 5 Minuten schlagen, während der letzten Minute Vanille einrühren. Die Marshmallow-Masse sollte sich leicht warm anfühlen und etwas flüssig sein.

GANACHE: Während die Marshmallow-Masse geschlagen wird, Schokolade und Sahne in eine kleine hitzebeständige Schüssel geben. Auf hoher Stufe 20–25 Sekunden in der Mikrowelle erhitzen. Umrühren, bis die Schokolade geschmolzen und die Mischung glatt ist. Ganache in den kleinen Spritzbeutel füllen und zur Seite legen. (Bei Verwendung eines Plastikbeutels vor dem Spritzen eine kleine Ecke abschneiden.) Die geschlagene Marshmallow-Masse rasch in den großen Spritzbeutel schaben. Die Masse in die Mulden der Mini-Muffin-Bleche spritzen, Mulden nur zur Hälfte füllen. Einen Tupfen (ca. ¼ TL) Ganache in die Mitte eines jeden Marshmallows spritzen. Sofort mit dem Rest der Marshmallow-Masse auffüllen, d. h. die Ganache abdecken und die Mulden bis oben auffüllen. Puderzucker-Stärke-Mischung gleichmäßig über die Oberfläche sieben. Mindestens 4 Stunden ruhen lassen.

Mit der Spitze eines kleinen Messers die Marshmallows aus den Blechen lösen und herausnehmen. Marshmallows sofort in Puderzucker-Stärke-Mischung wälzen und Überschuss abklopfen.

Diese gefüllten Marshmallows sind die reinste Magie. Schlägt man die Marshmallows einige Minuten weniger als angegeben, ergibt sich eine weichere und flüssigere Masse, die vollständig mit Zartbitter-Schoko-Ganache ummantelt werden kann. Für dieses Meisterwerk werden Sie viel Lob und Bewunderung ernten.

Marshmallows:
1 Portion	Marshmallows Vanille Classic (S. 16)
120 g	Puderzucker-Stärke-Mischung (S. 8), zzgl. ein wenig zum Bestäuben

Ganache-Füllung:
60 g	Zartbitterschokolade (60–70% Kakaoanteil), gehackt
30 g	Sahne (36–40% Fett)

Fortsetzung ...

VANILLE-MARSHMALLOWS MIT SCHOKO-FÜLLUNG
(FORTSETZUNG)

NOCH MEHR MARSHMALLOWS

Marshmallows mit Kahlua-Füllung: Eine Portion Mokka-Marshmallows herstellen; die letzte Minute der Aufschlagzeit auslassen, bevor die Masse in den Spritzbeutel gefüllt wird. Ganache mit einigen TL Kahlua (oder anderem Likör Ihrer Wahl) aromatisieren.

Marshmallows mit Konfitüre-Füllung: Ca. 110 g Konfitüre oder Gelee mit niedrigem Zuckergehalt als Füllung verwenden. Wenn ein starkes Fruchtaroma gewünscht wird, eine entsprechend aromatisierte Marshmallow-Masse herstellen.

Marshmallows mit Rosenölfüllung: Den Zartbitterschokoladen-Anteil in der Ganache durch dieselbe Menge gehackter weißer Schokolade ersetzen. Je nach Geschmack einen Tropfen Rosenöl bzw. mehrere Tropfen Rosenwasser einrühren. Ganache mit rosa Lebensmittelfarbe färben. Anstatt des Rosenaromas können auch Fruchtaroma-Extrakte verwendet werden.

Marshmallows mit Schokoriegel-Füllung: Stecken Sie vor dem Auffüllen ein großes Stück Ihres Lieblings-Schokoriegels in die Marshmallow-Masse.

 Mithilfe eines Spritzbeutels ist es einfach, die Marshmallow-Masse in Bonbonformen zu füllen.

SCHOKO-MARSHMALLOWS MIT MALZMILCH

Ergibt ca. 24 Marshmallows von ca. 4 cm

Eine Form von 20 x 20 cm leicht einfetten.

GELATINE: In einer kleinen Schüssel Gelatine und 120 ml kaltes Wasser vermengen und 5 Minuten lang einweichen.

SCHOKO-MALZ-SIRUP: Im Mixbehälter eines Elektromixers Kakaopulver, Malzmilchpulver, 7 EL heißes Wasser und Maissirup vermengen und glatt rühren. Dann den Behälter in den Mixer mit Rühraufsatz setzen.

SIRUP: Zucker, Maissirup, 60 ml Wasser und Salz in einem mittleren Topf bei großer Hitze vermengen. Unter gelegentlichem Umrühren aufkochen, bis die Temperatur 120–121 °C erreicht hat. In der Zwischenzeit die Gelatine 30 Sekunden in der Mikrowelle auf hoher Stufe vollständig auflösen und in den Schoko-Sirup gießen. Den Mixer auf niedriger Geschwindigkeit laufen lassen, während Sie nach dem Sirup sehen.

MARSHMALLOWS: Wenn der Sirup 120–121 °C erreicht hat, diesen langsam in den Mixbehälter gießen. Auf mittlere Geschwindigkeit stellen und 5 Minuten schlagen. Auf mittlere bis hohe Geschwindigkeit erhöhen und weitere 5 Minuten lang schlagen. Auf der höchsten Geschwindigkeit weitere 3–5 Minuten schlagen, dabei während der letzten Minute den Vanilleextrakt hinzufügen. Die fertige Marshmallow-Masse wird ihr Volumen verdreifacht haben. Die Masse in die vorbereitete Form gießen und mit dem abgewinkelten Palettenmesser glatt in die Ecken streichen. Geriebene Schokolade gleichmäßig und großzügig über die Oberseite sprenkeln. Mindestens 6 Stunden ruhen lassen.

Mit dem Messer die Marshmallow-Platte von den Rändern der Form lösen und die Platte auf die Arbeitsoberfläche stürzen. Wiederum mit geriebener Schokolade besprenkeln. In Stücke schneiden und die klebrigen Ränder in geriebene Schokolade tauchen. Überschuss abklopfen.

Die Schokolade ganz grob reiben.

Gelatine:
- 5 TL   geschmacksneutrales Gelatinepulver

Schoko-Malz-Sirup:
- 3 EL   dunkles, ungesüßtes Kakaopulver*
- 60 g   Malzmilchpulver**
- 60 ml heller Maissirup

Zuckersirup:
- 160 g Zucker
- 60 ml heller Maissirup
- ¼ TL   Salz

Marshmallows:
- 1 TL   reiner Vanilleextrakt
- 85 g   geriebene Zartbitterschokolade (60–70% Kakaoanteil)

* Besorgen Sie das dunkelste Kakaopulver, das Sie finden können. Bei diesem Rezept kommt es wirklich auf die Qualität an. (Ich mag Valrhona.)

** Halten Sie Ausschau nach nicht aromatisiertem Malzmilchpulver (ohne Schoko-Aroma).

GUIMAUVE

Ergibt ca. 24 Marshmallows von ca. 4 cm

Eine Form von 20 x 20 cm leicht einfetten.

GELATINE: In einer kleinen Schüssel Gelatine und 120 ml kaltes Wasser vermengen und 5 Minuten einweichen.

MERINGUE: Eiweiße in den Mixbehälter eines Elektromixers mit Rühraufsatz geben. Bei mittlerer bis hoher Geschwindigkeit 2–3 Minuten schlagen, bis das Eiweiß mattweiß ist und gerade beginnt, weiche Zipfel zu halten.

SIRUP: Zucker, Maissirup, 60 ml Wasser und Salz in einem mittleren Topf bei hoher Hitze vermengen. Unter gelegentlichem Umrühren aufkochen, bis die Temperatur 115 °C erreicht hat.

MARSHMALLOWS: Wenn der Sirup 115 °C erreicht hat, den Mixer bei mittlerer bis hoher Geschwindigkeit anstellen. Schnell die gequollene Gelatine in den Sirup rühren, bis sie aufgelöst ist. Bei laufendem Mixer jeweils nur wenige EL Sirup vorsichtig in das Eiweiß tropfen lassen – das Eiweiß darf sich nur langsam erhitzen, um nicht zu stocken. Vorgang zwei- oder dreimal wiederholen, dann den Rest hinzufügen und mit dem hitzebeständigen Spatel dafür sorgen, dass keine Zutaten am Rand anhaften. Bei mittlerer bis hoher Ge-schwindigkeit 5 Minuten schlagen. Geschwindigkeit erhöhen und weitere 5–7 Minuten schlagen, in der letzten Minute den Vanilleextrakt hinzufügen.

Die fertige Marshmallow-Masse hat sich nun verdreifacht. Masse in die vorbereitete Form gießen und mit dem abgewinkelten Palettenmesser glatt in die Ecken streichen. Puderzucker-Stärke-Mischung gleichmäßig über die Oberfläche sieben. An einem kühlen, trockenen Ort 6 Stunden ruhen lassen. Mit dem Messer die Marshmallow-Platte von den Rändern der Form lösen. Die Platte auf eine mit Puderzucker-Stärke-Mischung bestäubte Arbeitsoberfläche stürzen und nochmals bestäuben. In Stücke schneiden und die klebrigen Ränder in Puderzucker-Stärke-Mischung tauchen. Überschuss abklopfen.

Pâte de guimauve ist das bezaubernde französische Wort für „Marshmallow". Betrachten wir dieses Rezept als Hommage, d'accord?

Gelatine:
4 ½ TL geschmacksneutrales Gelatinepulver

Meringue:
2   Eier, Größe L, zimmerwarm

Sirup:
200 g   granulierter Zucker
120 ml   Maissirup
⅛ TL   Salz

Marshmallows:
2 TL   reiner Vanilleextrakt*
120 g   Puderzucker-Stärke-Mischung (S. 8), zzgl. ein wenig zum Bestäuben

* Diese Marshmallows mag ich am liebsten mit einem Hauch Vanille in Form von Extrakt oder einer ausgeschabten Schote. Es können aber auch andere Aromen durch Zugabe verschiedener Flüssigkeiten in die gequollene Gelatine oder durch Einrühren von Extrakten am Ende der Aufschlagzeit hinzugefügt werden.

VEGANE VANILLE-MARSHMALLOWS

Ergibt ca. 24 Marshmallows von ca. 4 cm

Genutine und Soja sorgen dafür, dass dieses Marshmallow eine luftige Textur erhält, die derjenigen eines Meringue-Marshmallows gleicht. Auch für Nicht-Veganer ist es bestimmt interessant, nach exotischen Zutaten zu suchen und sich an das molekular-gastronomische Abenteuer zu wagen, diese kleinen Marshmallows aufzuschlagen. Die Herstellung dieser Marshmallow-Variante unterscheidet sich von der herkömmlichen – und erfordert kein Bonbonthermometer!

Eine Form von 20 x 20 cm leicht einfetten.

FLUFF: Im Mixbehälter eines Standmixers alle Zutaten mit 150 ml Wasser vermengen und glatt rühren. Schüssel auf den Rührbesenaufsatz setzen. Masse bei hoher Ge-schwindigkeit 7–8 Minuten schlagen, bis sie ihr Volumen verdreifacht hat und feste Zipfel bildet (die fertige Masse gleicht weich geschlagener Sahne). Mixer anhalten.

SIRUP: Genutine, Maissirup, 120 ml Wasser und Salz in die Küchenmaschine geben und 1 Minute lang verarbeiten. Sirup in einen großen Topf geben und sanft bei großer Hitze umrühren. Unter häufigem Umrühren 8 Minuten kochen. Der Sirup wird andicken und Blasen mit ca. 2,5 cm Ø bilden. Beim Rühren sollte man stellenweise auf den Topfboden gucken können. Vanilleextrakt einrühren.

MARSHMALLOWS: Mixer erneut auf mittlere Geschwindigkeit schalten. Den ganzen Sirup schnell in den Mixbehälter geben und auf hohe Stufe schalten. 7–9 Minuten auf hoher Stufe schlagen; die Masse wird mattweiß und fluffig und füllt fast den ganzen Behälter. Masse in die vorbereitete Form schaben. Ein großes Blatt Pergamentpapier mit Kochspray einsprühen und auf die Oberseite legen und mit beiden Händen die Masse gleichmäßig in die Ecken streichen. Bei Raumtemperatur 4–6 Stunden ruhen lassen.

Pergamentpapier entfernen und mit einem Messer die Marshmallow-Platte von den Rändern der Form lösen. Platte auf eine mit Puderzucker-Stärke-Mischung bestäubte Arbeitsoberfläche stürzen und nochmals bestäuben. In Stücke schneiden und die klebrigen Ränder in Puderzucker-Stärke-Mischung tauchen. Überschuss abklopfen.

Extrakte und Aromaöle eignen sich am besten zum Aromatisieren veganer Marshmallows.

Fluff:
23 g	Soja-Protein Isolat 90*
2 TL	Backpulver
¼ TL	Xanthan

Sirup:
240 g	Zucker
1 EL	Genutine*
250 ml	heller Maissirup
¼ TL	Salz
2 TL	reiner Vanilleextrakt

Marshmallows:
120 g	Puderzucker-Stärke-Mischung (S. 8), zzgl. ein wenig zum Bestäuben

* Im Naturkostladen leicht zu bekommen. Darauf achten, dass 90 darauf steht.

* Genutine ist pflanzliche Gelatine, die im Internet erhältlich ist.

HAUSGEMACHTE MARSHMALLOW-CREME

Ergibt 220 g

SIRUP: Zucker, hellen Maissirup, 60 ml Wasser und Salz in einem kleinen Topf bei großer Hitze vermengen. Unter gelegentlichem Umrühren aufkochen, bis 115 °C erreicht sind.

FLUFF: Eiweiße und Weinstein in den Mixbehälter eines Elektromixers mit Rühraufsatz geben. Eiweiße bei mittlerer Geschwindigkeit zu weichzipfeliger Konsistenz schlagen.

Das Ziel ist, die Eiweiße geschlagen und bereit zu haben, um sofort den Sirup hineinträufeln zu können, sobald er fertig ist. Sollten die Eiweiße schneller geschlagen sein als der Sirup seine Temperatur erreicht, halten Sie den Mixer einfach an, bis der Sirup fertig ist.

MARSHMALLOWS: Wenn der Sirup 115 °C erreicht hat, den Mixer auf niedrige Stufe stellen und eine winzige Menge, 2 EL entsprechend, in das Eiweiß tröpfeln, um es zu erwärmen. (Wenn zu viel Sirup auf einmal hinzugefügt wird, stockt das Eiweiß.) Langsam den restlichen Sirup einträufeln, dann auf mittlere bis hohe Stufe erhöhen. 7–9 Minuten schlagen, bis die Marshmallow-Creme steif und glänzend ist. Gegen Ende der Aufschlagzeit den Vanilleextrakt hineinschlagen. Creme sofort verwenden oder in einem luftdichten Behälter bis zu 2 Wochen lang im Kühlschrank aufbewahren.

Ich finde einfach keine Worte dafür, wie großartig diese fluffige, hausgemachte Marshmallow-Creme ist. Sie kann verwendet werden auf Eiscreme, als Füllung für Whoopie Pies oder als Kuchenglasur. Es kann Butter hinzugefügt werden, um die Füllung reichhaltiger zu machen, z. B. für die Schoko-Marshmallow-Rolle auf Seite 87. Es ist eine Leckerei, bei der man sich verzweifelt fragt, warum man erst jetzt darauf gekommen ist. So traumhaft gut ist sie.

Sirup:
120 g	Zucker
120 ml	heller Maissirup
⅛ TL	Salz

Fluff:
2	Eiweiß, Größe L, zimmerwarmr
¼ TL	Weinstein

Marshmallows:
1 ½	TL reiner Vanilleextrakt*

* Die Verwendung kleiner Mengen von Extrakten und essenziellen Ölen ist der beste und einfachste Weg, hausgemachten „Fluff" zu aromatisieren.

HAUSGEMACHTE VOLLKORNKEKSE

Im Schlemmerhimmel bilden Marshmallows und Vollkornkekse das perfekte Paar. Perfekt wird die Sache, wenn auch die Vollkornkekse selbst gemacht sind. Als „Sandwich" mit beliebig aromatisiertem Marshmallow in der Mitte, oder zerstoßen, zum Panieren oder als Kruste und für andere Rezepte (z. B. Cupcakes, S. 85).

VOLLKORNKEKSE

Ergibt ca. 50 viereckige Kekse von 6 cm

240 g	Mehl
80 g	Weizenvollkornmehl
100 g	dunkelbrauner Zucker
1 TL	Salz
½ TL	gemahlener Zimt
230 g	Butter, in kleine Stücke geschnitten
90 ml	Honig
Rohrzucker zum Bestreuen (optional)	

In der Küchenmaschine Mehl, Weizenvollkornmehl, Zucker, Salz und Zimt vermengen. Butterstückchen und Honig hinzufügen und zu einem Teig kneten. Teig auf eine Plastikfolie schaben, zu einem Rechteck formen und gut mit der Plastikfolie umwickeln. Für 1 Stunde in den Kühlschrank geben, bis der Teig fest, aber noch geschmeidig ist.

Backofen auf 175 °C vorheizen. Zwei Backbleche mit Pergamentpapier oder Backmatten aus Silikon auslegen. Den Teig auf eine leicht bemehlte Oberfläche geben und dünn auf ca. 3 mm ausrollen (Teigreste können wieder zusammengefügt und erneut ausgerollt werden). Mit einem 5 x 7 cm großen Ausstecher Kekse ausstechen (oder mit dem Pizzaschneider in Vierecke schneiden) und die Stücke auf die vorbereiteten Backbleche legen: 12 pro Blech. Jedes Stück mehrmals mit einer Gabel einstechen und mit Rohrzucker bestreuen, sofern erwünscht. Die Kekse vor dem Backen mindestens 15 Minuten auf den Blechen kühlen und 14–16 Minuten backen, bis die Kekse goldbraun sind. 1 Minute abkühlen lassen, dann auf dem Kuchengitter vollständig auskühlen lassen.

VEGANE, GLUTENFREIE VOLLKORNKEKSE

Ergibt ca. 50 viereckige Kekse zu ca. 4 cm

270 g	glutenfreie Mehlmischung
100 g	dunkelbrauner Zucker
1 ¼ TL	gemahlener Zimt
1 TL	Backpulver
½ TL	Natron
½ TL	Xanthan
½ TL	Salz
7 EL	Margarine oder pflanzlicher Butterersatz, in Stücke geschnitten
3 EL	Honig (oder Agavennektar)
1 TL	reiner Vanilleextrakt

In der Küchenmaschine Mehlmischung, Zucker, Zimt, Backpulver, Natron, Xanthan und Salz vermengen. Margarine stoßweise unterrühren, bis die Mischung an grobe Krumen erinnert. 60 ml kaltes Wasser, Honig und Vanilleextrakt hinzufügen und mixen, bis die Mischung eine Kugel bildet. Den Teig auf eine Plastikfolie geben und zu einem Rechteck formen; fest in die Folie wickeln und mindestens 1 Stunde im Kühlschrank lagern.

Backofen auf 160 °C vorheizen. Zwei Backbleche mit Pergamentpapier oder Backmatten aus Silikon auslegen. Teig zu einem großen Rechteck von ca. 3 mm Dicke ausrollen. Mit dem Pizzaschneider in Vierecke schneiden. Vierecke auf die vorbereiteten Backbleche legen und ca. 5 Minuten in den Tiefkühler legen, bis sie fest sind. Jedes Stück mehrmals mit einer Gabel einstechen. 16–18 Minuten backen, bis die Kekse fest und goldbraun sind. 1 Minute auf den Blechen abkühlen lassen, dann auf dem Kuchengitter vollständig auskühlen lassen.

FRISCH UND FRUCHTIG

Aromavariationen mit Fruchtpürees, Säften und Ölen

Mit ihrer zarten, fluffigen Süße sind Vanille-Marshmallows für sich schon umwerfend. Wenn Sie nun noch in Früchten schwelgen, sind Sie ganz sicher der Star. Glücklicherweise gibt es eine unendliche Vielzahl an Möglichkeiten, Marshmallows mit Fruchtaromen zu versehen. In diesem Abschnitt mache ich Sie mit einigen Techniken vertraut, mit deren Hilfe Sie im Handumdrehen Ihre ganz eigenen Geschmacksnoten zaubern können. Hier spielen wir mit Fruchtsäften, Nektaren, Konzentraten, Pürees, Fruchtölen und – wer hätte das gedacht – Babynahrung. Nun geht der Marshmallow-Spaß erst richtig los.

BLAUE TRAUBE	30
Apfel-Zimt	30
ERDBEERE	32
Himbeere oder Brombeere	32
Natürlicher Geschmack durch natürliche Fruchtaromen	33
LIMETTE	34
Zitrone	34
VANILLECREME MIT ORANGENAROMA	36
Ätherische Öle	36
KÜRBIS	37
HONIG-APRIKOSE	39
Banane	39
TIPPS UND TRICKS FÜR AUSGEFALLENE MARSHMALLOWS	41
Schichten	41
Lollis	41
Gedrehte Stränge	41

BLAUE-TRAUBEN-MARSHMALLOWS

Ergibt ca. 24 Stück von ca. 4 cm

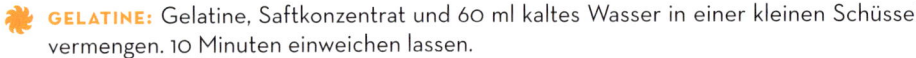

24 kuppelförmige Bonbonformen oder eine Form von 20 x 20 cm leicht einfetten.

 **GELATINE:** Gelatine, Saftkonzentrat und 60 ml kaltes Wasser in einer kleinen Schüssel vermengen. 10 Minuten einweichen lassen.

SIRUP: Zucker, 60 ml Maissirup, 60 ml Wasser und Salz in einem mittleren Topf vermengen. Sirup bei hoher Hitze unter gelegentlichem Umrühren aufkochen, bis er 120 °C erreicht hat. Den restlichen Maissirup in den Mixbehälter eines Elektromixers mit Rühraufsatz geben. Gelatine in der Mikrowelle ca. 30 Sekunden auf hoher Stufe auflösen und in den Maissirup gießen. Mixer auf niedrige Geschwindigkeit stellen und laufen lassen.

MARSHMALLOWS: Wenn der Sirup 120 °C erreicht hat, diesen langsam in den Mixbehälter gießen. Auf mittlere Geschwindigkeit erhöhen und 5 Minuten schlagen. Auf mittlere bis hohe Geschwindigkeit erhöhen und weitere 3 Minuten schlagen. Auf der höchsten Stufe weitere 1–2 Minuten schlagen, in der letzten Minute den Vanilleextrakt hinzufügen. Die fertige Marshmallow-Masse wird ihr Volumen verdreifacht haben.

Masse in einen großen Spritzbeutel mit einer großen, runden Tülle füllen. In die Mulden der vorbereiteten Bonbonformen spritzen (oder in vorbereitete Form schaben). Puderzucker-Stärke-Mischung über die Oberfläche sieben. 8 Stunden an einem kühlen, trockenen Ort ruhen lassen.

Die Marshmallows vorsichtig aus den Mulden nehmen und in Puderzucker-Stärke-Mischung wälzen, in ein Sieb geben und überschüssige Puderzucker-Stärke-Mischung aussieben.

 Machen Sie ein Sandwich aus Trauben-Marshmallows und Erdnussbutter-Marshmallows (s. S. 68) – ein Hit!

NOCH MEHR MARSHMALLOWS

Apfel-Zimt-Marshmallows: Ersetzen Sie das Traubensaftkonzentrat durch ungesüßtes Apfelsaftkonzentrat. Erhitzen Sie den Sirup auf 115 °C. Schlagen Sie während der Marshmallow-Phase ½ TL gemahlenen Zimt in die Masse. Versuchen Sie vietnamesischen Zimt (Saigon-Zimt) zu bekommen, er hat das beste Aroma.

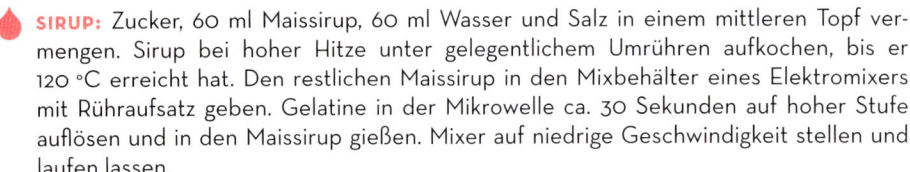

Gelatine:
- 4 ½ TL geschmacksneutrales Gelatinepulver
- 120 ml gefrorenes Traubensaftkonzentrat aus blauen Trauben, ungesüßt, aufgetaut, aber noch kalt

Sirup:
- 120 g Zucker
- 120 ml heller Maissirup
- ¼ TL Salz

Marshmallows:
- 1 TL reiner Vanilleextrakt
- 120 g Puderzucker-Stärke-Mischung (S. 8), zzgl. ein wenig zum Bestäuben

ERDBEER-MARSHMALLOWS

Ergibt ca. 24 Marshmallows von knapp 4 cm

Eine Form von 20 x 20 cm leicht einfetten.

GELATINE: Erdbeerpüree und 2 EL kaltes Wasser in einer kleinen hitzebeständigen Schüssel vermengen. Gelatine einrühren und 10 Minuten einweichen.

SIRUP: Zucker, 60 ml Maissirup, Erdbeerpüree, 60 ml Wasser und Salz in einem großen Topf bei großer Hitze vermengen. Aufkochen lassen, bis eine Temperatur von 115 °C erreicht ist; während der Sirup kocht, einen starren, hitzebeständigen Spatel verwenden, um gelegentlich umzurühren und dem Topfboden entlangzuschaben, damit der Sirup nicht anbrennt. Dieser Sirup hat die Neigung, im Topf sehr hoch aufzukochen, weshalb die Hitzezufuhr evtl. gedrosselt werden muss, damit der Sirup nicht überkocht. In der Zwischenzeit den restlichen Maissirup in den Mixbehälter eines Elektromixers mit Rühraufsatz geben. Gelatine ca. 30 Sekunden auf hoher Stufe in der Mikrowelle vollständig auflösen. In den Maissirup gießen. Mixer auf niedrige Geschwindigkeit stellen und laufen lassen.

MARSHMALLOWS: Wenn der Sirup 115 °C erreicht hat, diesen langsam in den Mixbehälter gießen. Falls sich ein Teil des Sirups am Topfboden angesetzt hat, keine Panik – der Bodensatz sollte lediglich nicht mit in den Mixbehälter geschabt werden. Auf mittlere Geschwindigkeit erhöhen und 5 Minuten schlagen. Auf mittlere bis hohe Geschwindigkeit erhöhen und weitere 5–7 Minuten schlagen, während der letzten Minute den Vanilleextrakt hinzufügen. Die fertige Marshmallow-Masse wird ihr Volumen verdreifacht haben. Die gefriergetrockneten Erdbeeren unterheben. Die Masse in die vorbereitete Form gießen, mit dem abgewinkelten Palettenmesser glatt in die Ecken streichen. Puderzucker-Stärke-Mischung großzügig über die Oberfläche sieben. Mindestens 8 Stunden ruhen lassen.

Mit einem Messer die Marshmallow-Platte von den Rändern der Form lösen. Die Platte auf eine mit Puderzucker-Stärke-Mischung bestäubte Arbeitsoberfläche stürzen und Oberfläche nochmals bestäuben. In Stücke schneiden und die klebrigen Ränder in Puderzucker-Stärke-Mischung tauchen. Überschuss abklopfen.

NOCH MEHR MARSHMALLOWS

Himbeer- und Brombeer-Marshmallows: Man erhält eine völlig andere Geschmacksrichtung, indem man das Erdbeerpüree sowohl in der Gelatine als auch im Sirup durch die gleiche Menge passiertes Himbeer- oder Brombeerpüree ersetzt. Auch diese Beeren sind in gefriergetrockneter Form erhältlich.

Gelatine:

120 ml	passiertes Erdbeerpüree*
2 EL	geschmacksneutrales Gelatinepulver

Sirup:

120 g	Zucker
120 ml	heller Maissirup
80 ml	passiertes Erdbeerpüree
1/8 TL	Salz

Marshmallows:

1 TL	reiner Vanilleextrakt
115 g	gefriergetrocknete Erdbeeren
120 g	Puderzucker-Stärke-Mischung (S. 8), zzgl. ein wenig zum Bestäuben

Wenn Sie die Samen stören, streichen Sie das Püree durch ein Haarsieb. Eine 240-g-Packung gefrorene Erdbeeren ergibt ausreichend Püree für diese Marshmallows.

NATÜRLICHER GESCHMACK DURCH NATÜRLICHE FRUCHTAROMEN

Bei einem Confiserie-Produkt, das vor allem aus Zucker und Maissirup besteht, sind Nährwerte wohl kein Anliegen. Das sollte uns jedoch nicht davon abhalten, auch gesunde Zutaten wie z. B. echte Früchte zu verwenden. Ein frisches Marshmallow, aromatisiert mit echten Früchten, ist ein wahrer Genuss, vor allem wenn die Früchte ausgereift sind.

Einige der besten und intensivsten Aromen entstehen, wenn pürierte Früchte (statt lediglich deren Saft) verwendet werden. Für Beerenaromen können frische oder aufgetaute gefrorene Beeren in der Küchenmaschine püriert und glatt gerührt werden; sofern erwünscht, kann das Püree noch durch ein Haarsieb gestrichen werden, um die Samen zu entfernen.

Enthäuten Sie Steinobst wie Pfirsiche und Pflaumen vor dem Pürieren. Hier ist ein Tipp für das schnelle Enthäuten: Schneiden Sie ein kleines X in die Unterseite jeder Frucht und legen Sie sie 30 Sekunden in einen Topf mit kochendem Wasser. Früchte dann in eine große Schüssel mit Eiswasser geben, damit sie schnell abkühlen. Wenn sie kühl genug zum Anfassen sind, sollten die Häute einfach abgleiten. Auch aufgetautes Gefrierobst kann püriert werden; achten Sie lediglich darauf, dass das Obst ungesüßt ist.

Fruchtsaftkonzentrate ohne Zuckerzusatz finden sich in jedem Supermarkt und sorgen für intensive Aromen und Farben (wie bei den Blaue-Trauben- und Apfel-Zimt-Marshmallows auf S. 30). Bei Versuchen mit exotischeren Fruchtaromen wie Granatapfel, Litschi und Passionsfrucht sollten Konzentrate hoher Qualität und fein pürierte Produkte gewählt werden.

Und, last but not least, Babynahrung! Es gibt drei gute Gründe, Babynahrung zur Herstellung von Marshmallows zu verwenden: Erstens wurden alle Vorbereitungsarbeiten bereits für Sie erledigt. Zweitens wurden die Früchte oft vollreif gepflückt und zubereitet, weshalb sie ein intensives Aroma haben. Und drittens enthält Babynahrung in der Regel ein wenig Vitamin C, wodurch das Obst seine frische Farbe behält. In diesen Rezepten werden Gläschen verwendet, die 125 g enthalten; sie entsprechen einer in diesen Rezepten verwendeten Portion (s. Honig-Aprikose und Banane-Marshmallows, S. 39).

LIMETTEN-MARSHMALLOWS

Ergibt ca. 24 Marshmallows von ca. 4 cm

Eine Form von 20 x 20 cm leicht einfetten.

GELATINE: Gelatine, Limettensaft und 60 ml kaltes Wasser in einer kleinen Schüssel vermengen. 5 Minuten einweichen.

SIRUP: Zucker, 60 ml Maissirup, 60 ml Wasser und Salz in einem mittleren Topf bei großer Hitze vermengen. Unter gelegentlichem Umrühren aufkochen, bis die Temperatur 115 °C erreicht hat. In der Zwischenzeit den restlichen Maissirup in den Mixbehälter eines Elektromixers mit Rühraufsatz geben. Gelatine ca. 30 Sekunden lang auf hoher Stufe in der Mikrowelle erhitzen, bis sie vollständig aufgelöst ist. Gelatine in den Maissirup schütten. Mixer auf niedrige Geschwindigkeit stellen und laufen lassen.

MARSHMALLOWS: Wenn der Sirup 115 °C erreicht hat, diesen langsam in den Mixbehälter gießen. Auf mittlere Geschwindigkeit erhöhen und 5 Minuten schlagen. Auf mittlere bis hohe Geschwindigkeit erhöhen und weitere 5 Minuten schlagen. Auf die höchste Stufe stellen, Vanilleextrakt und Lebensmittelfarbe hinzufügen und noch 1 Minute schlagen. Die fertige Marshmallow-Masse wird ihr Volumen verdreifacht haben. Masse in die vorbereitete Form gießen und mit dem abgewinkelten Palettenmesser glatt in die Ecken streichen. Vollkornkeks-Krümel gleichmäßig über die Oberfläche streuen. An einem kühlen, trockenen Ort 6 Stunden ruhen lassen.

Mit einem Messer die Marshmallow-Platte von den Rändern der Form lösen und die Platte auf eine Arbeitsoberfläche stürzen. Mit Krümeln aus Vollkornkeksen bestreuen. In Stücke schneiden, die klebrigen Ränder in Krümel tauchen und Überschuss abklopfen.

NOCH MEHR MARSHMALLOWS

Zitrone-Marshmallows: In der Gelatine-Phase den Limettensaft durch 6 EL frisch gepressten Zitronensaft ersetzen und den Anteil des kalten Wassers auf 2 EL senken. 2 TL geriebene Zitronenschale während der letzten Minute hinzufügen und die Marshmallow-Masse mit etwas gelber Lebensmittelfarbe färben. Zum Abschluss drei Päckchen Zitronensäurepulver unter 120 g Puderzucker-Stärke-Mischung mischen.

Gelatine:
4 ½ TL geschmacksneutrales Gelatinepulver
60 ml frisch gepresster Limettensaft

Sirup:
160 g Zucker
120 ml heller Maissirup
⅛ TL Salz

Marshmallows:
1 TL reiner Vanilleextrakt
grüne Lebensmittelfarbe in Gelform
80 g Panade aus Vollkornkeksen* (selbst gemachte s. S. 27)

Für eine gröbere Oberfläche können die Vollkornkekse in der Küchen-maschine zerstoßen werden, sodass eine nicht zu feine Panade entsteht. Die Kekspanade kann ersetzt werden durch 120 g Puderzucker-Stärke-Mischung (S. 8), vermengt mit einigen Päckchen Limettenpulver.

VANILLECREME MIT ORANGENAROMA

Ergibt ca. 24 Marshmallows von ca. 4 cm

MARSHMALLOWS: Eine Portion Marshmallow-Teig Vanille Classics aufschlagen, dabei den Vanille-extrakt auf 1 TL reduzieren. Orangenöl einrühren, jeweils nur wenige Tropfen, nach jeder Zugabe den Mixer anhalten und den Teig abschmecken. Lebensmittelfarbe Tropfen für Tropfen einrühren, bis ein warmer Orangeton entsteht. 1–2 Minuten auf höchster Stufe weiterschlagen. Die fertige Marshmallow-Masse wird ihr Volumen verdreifacht haben. In die vorbereitete Form gießen und mit einem abgewinkelten Palettenmesser glatt in die Ecken streichen. Puderzucker-Stärke-Mischung gleichmäßig und großzügig über die Oberfläche sieben. An einem kühlen, trockenen Ort ca. 6 Stunden ruhen lassen.

Mit einem Messer die Marshmallow-Platte von den Rändern der Form lösen. Die Platte auf eine mit Puderzucker-Stärke-Mischung bestäubte Arbeitsoberfläche stürzen und nochmals bestäuben. In Stücke schneiden und die klebrigen Ränder in Puderzucker-Stärke-Mischung tauchen. Überschuss abklopfen.

Marshmallows:
1 Portion Teig für Marshmallows Vanille Classic (S. 16)
6–8 Tropfen reines Orangenöl
orangefarbene Lebensmittelfarbe in Gelform
120 g Puderzucker-Stärke-Mischung (S. 8), zzgl. ein wenig zum Bestäuben

VOM UMGANG MIT ÄTHERISCHEN ÖLEN

Ätherische Öle sind der Königsweg, um natürliche Aromen in die Marshmallows zu zaubern. Reine Zitrus-Varianten wie Zitrone, Limette und Orange sind naheliegend, aber Naturkostläden halten eine riesige Auswahl weiterer Öle bereit. Stellen Sie unbedingt sicher, dass Sie ein zum Verzehr geeignetes Öl erwerben, Duftaromen sind es in der Regel nicht.

Wagen Sie sich an exotische, erdige, blumige oder Kräutervariationen: Basilikumöl in Erdbeer-Marshmallows, Himbeere mit Rosenöl, Zimtöl, Pfefferminz mit Schokolade, Lavendel und Vanille, oder eine Mischung aus Ölen, um ein Chai-inspiriertes Marshmallow zu erhalten. Das Marshmallow in Reinform ist wie eine leere Leinwand, die nur darauf wartet, von Ihnen mit den wildesten Kreationen bedeckt zu werden.

Dennoch sollten Sie bei der Zugabe der ätherischen Öle zum Marshmallow-Teig Vernunft walten lassen. Ein Tropfen kann bereits viel bewirken, und ein Tropfen zu viel kann aus einem himmlischen Marshmallow ein Produkt machen, das entfernt nach der Parfümkollektion Ihrer Großmutter duftet. Fügen Sie also zunächst einen oder zwei Tropfen hinzu, halten Sie den Mixer an und schmecken Sie ab, bevor Sie den nächsten Tropfen einrühren. Bedenken Sie auch, dass einige Aromen sich weiter entfalten, während die Marshmallows ruhen. Bei ätherischen Ölen ist weniger stets mehr.

MARSHMALLOWS MIT KÜRBIS

Ergibt 24 Marshmallows von ca. 4 cm

Eine Form von 20 x 20 cm leicht einfetten.

GELATINE: Gelatine und 120 ml kaltes Wasser in einer kleinen hitzebeständigen Schüssel vermengen und 5 Minuten einweichen lassen.

SIRUP: Zucker, 60 ml Maissirup, 60 ml kaltes Wasser und Salz in einem mittleren Topf vermengen. Sirup unter gelegentlichem Umrühren bei starker Hitze zum Kochen bringen, bis die Temperatur 121 °C erreicht. In der Zwischenzeit den restlichen Maissirup in den Mixbehälter eines Elektromixers mit Rühraufsatz geben. Gelatine 30 Sekunden auf höchster Stufe in der Mikrowelle erhitzen, bis sie vollständig aufgelöst ist. Gelatine in den Maissirup gießen. Mixer auf niedrige Geschwindigkeit stellen und laufen lassen.

MARSHMALLOWS: In einer kleinen Schüssel das Kürbispüree mit Zimt, Ingwer, Muskat und Vanille vermengen. Wenn der Sirup 121 °C erreicht hat, diesen langsam in den Mixbehälter gießen. Auf mittlere Geschwindigkeit erhöhen und 5 Minuten schlagen. Auf mittlere bis hohe Geschwindigkeit erhöhen und weitere 5 Minuten schlagen. Bei höchster Geschwindigkeit noch 1 Minute schlagen. Vanilleextrakt und Kürbismischung hinzufügen und noch 1 Minute schlagen. Die fertige Marshmallow-Masse wird ihr Volumen verdreifacht haben. Eine intensivere Farbe entsteht, wenn 1 oder 2 Tropfen orangefarbene Lebensmittelfarbe in die Masse geschlagen werden.

Die Marshmallow-Masse einmal kneten, um sicherzustellen, dass die Kürbismischung vollständig eingerührt ist. Die Masse in die vorbereitete Form geben und mit einem abgewinkelten Palettenmesser glatt in die Ecken streichen. Großzügig mit der Zimt-Puderzucker-Stärke-Mischung bestäuben. Mindestens 6 Stunden ruhen lassen.

Mit einem Messer die Marshmallow-Platte von den Rändern der Form lösen. Die Platte auf eine mit Puderzucker-Stärke-Mischung bestäubte Arbeitsoberfläche stürzen und nochmals bestäuben. In Stücke schneiden und die klebrigen Ränder in die Puderzucker-Stärke-Mischung tauchen. Überschuss abklopfen.

Gelatine:
5 TL	geschmacksneutrales Gelatinepulver

Sirup:
120 g	Zucker
120 ml	heller Maissirup
¼ TL	Salz

Marshmallows:
80 ml	Kürbispüree aus der Dose*
½ TL	gemahlener Zimt
¼ TL	gemahlener Ingwer
⅛ TL	frisch geriebene Muskatnuss
1 TL	reiner Vanilleextrakt
	orangefarbene Lebensmittelfarbe in Gelform, optional
120 g	Puderzucker-Stärke-Mischung (S. 8), mit
¼ TL	gemahlenem Zimt vermischt

Achten Sie darauf, dass das Dosenpüree zu 100% aus reinem Kürbis ohne Zucker und Gewürze besteht.

HONIG-APRIKOSE-MARSHMALLOWS

Ergibt ca. 24 Marshmallows von ca. 4 cm

Ein Backblech großzügig mit Puderzucker-Stärke-Mischung bestäuben (S. 8).

GELATINE: Gelatine mit Babynahrung und kaltem Nektar in einer kleinen hitzebeständigen Schüssel verrühren. 10 Minuten einweichen.

SIRUP: Maissirup und Honig in einer kleinen Schüssel vermengen. 60 ml der Mischung in den Mixbehälter eines Elektromixers geben und den Rest in einen mittleren Topf schaben. Zucker, Aprikosennektar und Salz hinzufügen und unter gelegentlichem Umrühren aufkochen, bis die Temperatur 121 °C erreicht. Gelatine in der Mikrowelle ca. 1 Minute auf höchster Stufe erhitzen, bis sie vollständig aufgelöst ist. Gelatine in den Mixbehälter gießen. Mixer auf niedrige Geschwindigkeit stellen und laufen lassen.

MARSHMALLOWS: Wenn der Sirup 121 °C erreicht hat, diesen langsam in den Mixbehälter gießen. Auf mittlere Geschwindigkeit erhöhen und 5 Minuten schlagen. Auf mittlere bis hohe Geschwindigkeit erhöhen und weitere 3 Minuten schlagen. Auf die höchste Geschwindigkeit erhöhen und nochmals 3–4 Minuten schlagen, dabei in der letzten Minute Vanilleextrakt und Lebensmittelfarbe hinzufügen. Die fertige Marshmallow-Masse wird ihr Volumen verdreifacht haben. Die Masse in einen Spritzbeutel mit einer großen, runden Tülle füllen und in kreisender Bewegung in kleine Wolken spritzen. Mit Puderzucker-Stärke-Mischung bestäuben und an einem kühlen, trockenen Ort 6 Stunden ruhen lassen.

NOCH MEHR MARSHMALLOWS

Banane-Marshmallows: Gelatine auf 5 TL reduzieren und 2 EL kaltes Wasser in der Gelatinephase hinzufügen. Die Aprikosen-Babynahrung durch Banane ersetzen, Nektar weglassen und Honig durch Maissirup ersetzen. Sirup auf eine Temperatur von 117–118 °C aufkochen. Masse 5 Minuten auf mittlerer, 5 Minuten auf mittel bis hoher und 7 Minuten auf der höchsten Stufe schlagen, dabei in der letzten Minute Vanilleextrakt und etwas gelbe Lebensmittelfarbe hinzufügen. Stellen sie diese Variante 1 Tag im Voraus her – das Bananenaroma ist nach einer Ruhezeit von 24 Stunden viel kräftiger.

Gelatine:

2 EL	geschmacksneutrales Gelatinepulver
113 g	Babynahrung: Aprikose
60 ml	kalter Aprikosennektar

Sirup:

60 ml	Maissirup
90 g	Honig
120 g	Zucker
80 ml	Aprikosennektar
⅛ TL	feines Meersalz

Marshmallows:

1 TL	reiner Vanilleextrakt
	orangefarbene Lebensmittelfarbe, optional
120 g	Puderzucker-Stärke-Mischung (S. 8), zzgl. ein wenig zum Bestäuben

* *Babynahrung ist eine clevere und zeitsparende Zutat in Marshmallows mit Fruchtaroma. Sie besitzt ein kräftiges, reines Aroma ohne Zuckerzusatz und enthält Vitamin C, das die Früchte vor Oxidation und daher Ihre Marshmallows vor Verschmutzung der Farben schützt. Nicht zu vergessen: Sie erspart Ihnen eine Menge Vorbereitungsarbeit!*

TIPPS UND TRICKS FÜR AUSGEFALLENE MARSHMALLOWS

Man schneidet die Marshmallow-Platte in Würfel und das war's, haben Sie gedacht? Weit gefehlt! Experimentieren Sie mit verschiedenen Werkzeugen und Techniken, um Ihre Marshmallows in hübsche und kreative Formen zu drehen und zu ziehen.

HAUSGEMACHTE GESCHICHTETE MARSHMALLOWS

Als ob selbst gemachte Marshmallows nicht schon köstlich genug wären, können Sie obendrein verschiedene Farben und Aromen in einer Form übereinanderschichten. Ein Regenbogen-Marshmallow also?

Stellen Sie eine (oder eine doppelte) Portion Vanille-Marshmallows Vanille Classic her, aber verringern Sie dabei die Aufschlagzeit um ca. 1 Minute, damit die Masse nicht zu schnell fest wird. Halten Sie für jede Farbe, die Sie verwenden möchten, eine eigene Schüssel griffbereit. Teilen Sie die Masse rasch auf die Schüsseln auf. Färben Sie die Portionen mit Lebensmittelfarbe in Gelform und rühren Sie jeweils heftig um, damit sich die Farbe so schnell wie möglich einfügt. Gießen Sie jeweils eine gefärbte Schicht in die vorbereitete Form und breiten Sie eine weitere auf der anderen aus. Mit Puderzucker-Stärke-Mischung bestäuben und ruhen lassen. (Mehr Tipps zum Umgang mit der Marshmallow-Masse finden Sie auf Seite 90.)

Es können auch verschiedene Aromen-Schichten in derselben Form geschichtet werden, indem jeweils Schichten aus verschieden aromatisierten Marshmallow-Teigen hergestellt und übereinandergelegt werden. Einige meiner Lieblingskombinationen sind Neapolitanisch (Schichten aus Schokolade, Vanille und Erdbeere) oder Malibu-Marshmallows aus Limetten- und Erdnussbutter-Konfitüre-Marshmallows.

MARSHMALLOW-LOLLIS

SCHNECKEN: Ein Backblech mit einer Silikon-Backmatte auslegen. Mit Kochspray einfetten und Überschuss abwischen. Eine Portion Marshmallow-Masse aufschlagen und in einen Spritzbeutel mit mittelgroßer, runder Tülle füllen. Lange Stränge in Parallelreihen über das Backblech spritzen. Ca. 1 Stunde ruhen lassen, bzw. bis die Stränge sanft angehoben werden können, ohne zu brechen. Die Stränge zu Schnecken aufrollen und flach auf ein mit Puderzucker-Stärke-Mischung bestäubtes Backblech legen. Mit Puderzucker-Stärke-Mischung bestäuben und mindestens 3 Stunden ruhen lassen. Lolli-Stangen bis fast zur Hälfte durch die Oberseite der Schnecken stecken, sodass die Schnecken stecken. Überschüssige Puderzucker-Stärkemischung mit dem Backpinsel abpinseln.

GEDREHTE MARSHMALLOW-STRÄNGE

DREIFARBIGE STRÄNGE: Wie oben lange Stränge auf das vorbereitete Backblech spritzen. Wenn die Marshmallows nach ca. 30 Minuten fest geworden, aber noch klebrig sind, zwei Stränge eng nebeneinanderlegen. Einen dritten Strang in die Rille zwischen den beiden anderen stecken. Jeweils ein Strangende in einer Hand halten und die Stränge fest verdrehen. (Das macht Spaß und wird noch einfacher, wenn jemand hilft!) Das gedrehte Seil auf das Backblech legen und mit Puderzucker-Stärke-Mischung bestäuben. Mindestens 4 Stunden ruhen lassen, dann die Enden versäubern.

HAPPY HOUR

Cocktail-inspirierte Marshmallows

Ein berühmter Mann hat einmal gesagt: „Bonbons sind lecker, aber Alkohol wirkt schneller." Mit anderen Worten, Marshmallows sind der ultimative Glücklichmacher auf der Konfektseite, aber aufgepeppt mit einigen Tropfen Ihres Lieblingsdrinks tritt – wumm – die sofortige Wirkung ein, geeignet nur für Erwachsene! Übermäßiger Genuss der im Folgenden vorgestellten Marshmallows kann zu lautem Gelächter, einer laschen Einstellung gegenüber Bekleidung und/oder der plötzlichen Überzeugung führen, Sie hätten tatsächlich Talent für Karaoke.

MARGARITA — 44

BUTTER-RUM — 46

PFIRSICHLIKÖR — 47

    Tipps zur Marshmallow-Herstellung mit Alkohol — 47

CRÈME DE MENTHE — 48

MALIBU — 50

MARGARITA-MARSHMALLOWS

Ca. 24 Marshmallows von knapp 4 cm

Eine Form von 20 x 20 cm leicht einfetten.

GELATINE: Gelatine mit Limettensaft, Tequila und 60 ml kaltem Wasser in einer kleinen Schüssel vermengen. 10 Minuten einweichen.

SIRUP: Zucker, 60 ml des Maissirups, Tequila und Salz in einem mittleren Topf bei großer Hitze vermengen. Unter gelegentlichem Umrühren kochen, bis 117–118 °C erreicht sind. In der Zwischenzeit den restlichen Maissirup in den Mixbehälter eines Elektromixers mit Rühraufsatz geben. Gelatine ca. 30 Sekunden auf höchster Stufe in der Mikrowelle auflösen und in den Maissirup gießen. Mixer auf niedrige Geschwindigkeit stellen und laufen lassen.

MARSHMALLOWS: Wenn der Sirup 117–118 °C erreicht hat, diesen langsam in den Mixbehälter gießen. Auf mittlere Geschwindigkeit erhöhen und 5 Minuten schlagen. Auf mittlere bis hohe Geschwindigkeit erhöhen und weitere 5 Minuten schlagen. Auf höchste Geschwindigkeit erhöhen und weitere 1–2 Minuten schlagen. Die fertige Marshmallow-Masse wird ihr Volumen mehr als verdoppelt haben. Etwas gelbgrüne Lebensmittelfarbe hinzufügen, sofern erwünscht. Die Marshmallow-Masse in die vorbereitete Form geben und mit dem abgewinkelten Palettenmesser glatt in die Ecken streichen. Gleichmäßig Puderzucker-Stärke-Mischung über die Oberfläche streuen. Mindestens 8 Stunden an einem kühlen, trockenen Ort ruhen lassen.

Mit dem Messer die Marshmallow-Platte von den Rändern der Form lösen. Die Platte auf eine mit Puderzucker-Stärke-Mischung bestäubte Arbeitsoberfläche stürzen und nochmals bestäuben. In Stücke schneiden. Die klebrigen Ränder der Marshmallows in Perlzucker wälzen.

„Alkoholisierte" Marshmallows entfalten nicht die gleiche Fluffigkeit wie ihre „nüchternen" Gegenstücke, denn der Alkohol neigt dazu, die Masse etwas niederzudrücken. In peppige Förmchen gespritzt, eignen sich diese Schmuckstückchen hervorragend als Party-Deko. Wenn die Marshmallows fluffiger sein sollen, verwenden Sie einfach eine kleinere Form.

Gelatine:
5 TL	geschmacksneutrales Gelatinepulver
60 ml	frisch gepresster Limettensaft
2 EL	Tequila (40%)

Sirup:
120 g	Zucker
120 ml	heller Maissirup
2 EL	Tequila
¼ TL	Salz

Marshmallows:
	gelb-grüne Lebensmittelfarbe in Gelform, optional
120 g	Puderzucker-Stärke-Mischung (S. 8), zzgl. ein wenig zum Bestäuben*
60 g	Perlzucker als Panade**

* Um den Limettengeschmack zu verstärken, können ein paar Päckchen echtes Limettenpulver untergerührt werden.

** Dieser grobe Zucker gibt den Marshmallows eine Art „Salzrandeffekt", jedoch mit süßem Geschmack.

BUTTER-RUM-MARSHMALLOWS

Ergibt ca. 24 Marshmallows von knapp 4 cm

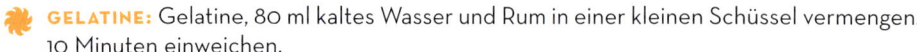

Eine Form von 20 x 20 cm leicht einfetten.

GELATINE: Gelatine, 80 ml kaltes Wasser und Rum in einer kleinen Schüssel vermengen. 10 Minuten einweichen.

SIRUP: Zucker, 60 ml des Maissirups, 60 ml Wasser, Rum und Salz in einem großen Topf über großer Hitze vermengen. Unter gelegentlichem Umrühren kochen, bis eine Temperatur von 117–118 °C erreicht ist. Eventuell muss die Temperatur zwischendurch reguliert werden, da der Sirup bei ca. 87 °C plötzlich hochkochen wird, wenn der Alkohol zu kochen beginnt. In der Zwischenzeit den restlichen Maissirup in den Mixbehälter eines Elektromixers mit Rühraufsatz geben. Die weiche Butter in eine mittelgroße Schüssel geben. Die Gelatine ca. 30 Sekunden in der Mikrowelle auf höchster Stufe auflösen und in den Maissirup schütten. Mixer auf niedrige Geschwindigkeit stellen und laufen lassen.

MARSHMALLOWS: Wenn der Sirup 117–118 °C erreicht hat, diesen langsam in den Mixbehälter gießen. Auf mittlere Geschwindigkeit erhöhen und 5 Minuten schlagen. Auf mittlere bis hohe Geschwindigkeit erhöhen und weitere 5 Minuten schlagen. Auf höchster Stufe weitere 1–2 Minuten schlagen und dabei den Vanilleextrakt zugeben. Die fertige Marshmallow-Masse wird ihr Volumen verdoppelt haben. Schnell ca. ein Viertel der Masse in die Schüssel mit der weichen Butter löffeln und gut vermengen. Die gebutterte Masse in den Rest der Masse schaben und durch Unterheben gut vermengen. Marshmallow-Masse in die vorbereitete Form geben. Puderzucker-Stärke-Mischung gleichmäßig über die Oberfläche sieben. An einem kühlen, trockenen Ort 8 Stunden ruhen lassen.

Die Marshmallow-Platte mit einem Messer von den Rändern der Form lösen. Die Platte auf eine mit Puderzucker-Stärke-Mischung bestäubte Arbeitsoberfläche stürzen. In Stücke schneiden, die klebrigen Ränder mit Puderzucker-Stärke-Mischung bestäuben.

Diese Süßigkeiten mit hohem Suchtpotenzial haben starke Noten von braunem Zucker, ein intensives Butteraroma und einen Hauch Rumaroma. Perfekt für ein Dessert für Erwachsene. Frisch zubereitet und noch nicht gefestigt, gibt diese Marshmallow-Masse auch ein gefährlich-genüssliches Eiscreme-Topping ab.

Gelatine:
- 4 ½ TL geschmacksneutrales Gelatinepulver
- 1 EL brauner Rum (40%)

Sirup:
- 110 g dunkelbrauner Zucker
- 100 g granulierter Zucker
- 120 ml heller Maissirup
- 3 EL brauner Rum
- ½ TL Salz

Marshmallows:
- 1 TL reiner Vanilleextrakt
- 2 EL weiche Butter, durchgerührt
- 120 g Puderzucker-Stärke-Mischung (S. 8), zzgl. ein wenig zum Bestäuben

PFIRSICHLIKÖR-MARSHMALLOWS

Ergibt ca. 24 Marshmallows von ca. 4 cm

Eine Form von 20 x 20 cm leicht einfetten.

✱ **GELATINE:** Gelatine, Orangensaft und Pfirsichlikör vermengen und 10 Minuten einweichen.

🔴 **SIRUP:** Zucker, 60 ml Maissirup, 60 ml Wasser, Pfirsichlikör und Salz in einem mittleren Topf bei mittlerer bis hoher Hitze vermengen. Unter gelegentlichem Umrühren kochen, bis eine Temperatur von 115 °C erreicht ist. In der Zwischenzeit den restlichen Maissirup in den Mixbehälter eines Elektromixers mit Rühraufsatz geben. Gelatine ca. 30 Sekunden auf höchster Stufe in der Mikrowelle vollständig auflösen und in den Mixbehälter geben. Mixer auf niedrige Geschwindigkeit stellen und laufen lassen.

🟢 **MARSHMALLOWS:** Wenn der Sirup 115 °C erreicht hat, diesen langsam in den Mixbehälter gießen. Auf mittlere Geschwindigkeit erhöhen und 5 Minuten schlagen. Auf mittlere bis hohe Geschwindigkeit erhöhen und weitere 5 Minuten schlagen. Auf höchste Stufe stellen und nochmals 2–3 Minuten schlagen. Die fertige Marshmallow-Masse wird ihr Volumen mehr als verdoppelt haben. In die vorbereitete Form gießen und mit dem abgewinkelten Palettenmesser glatt in die Ecken streichen. Puderzucker-Stärke-Mischung gleichmäßig über die Oberfläche sieben. An einem kühlen, trockenen Ort 8 Stunden ruhen lassen.

Mit einem Messer die Marshmallow-Platte von den Rändern der Form lösen. Die Platte auf eine mit Puderzucker-Stärke-Mischung bestäube Arbeitsoberfläche stürzen und nochmals bestäuben. In Stücke schneiden und die klebrigen Ränder in Puderzucker-Stärke-Mischung tauchen. Überschuss abklopfen.

✱ **Gelatine:**

4 ½ TL	geschmacksneutrales Gelatinepulver
120 ml	kalter, frisch gepresster Orangensaft
2 EL	Pfirsichlikör (15%)

🔴 **Sirup:**

120 g	Zucker
120 ml	heller Maissirup, in zwei Portionen aufgeteilt
2 EL	Pfirsichlikör
⅛ TL	Salz

🟢 **Marshmallows:**

120 g	Puderzucker-Stärke-Mischung (S. 8), zzgl. ein wenig zum Bestäuben

TIPPS ZUR HERSTELLUNG VON MARSHMALLOWS MIT ALKOHOL

Bei der Herstellung von alkoholhaltigen Marshmallows ist folgendes zu beachten. Wenn Sie mit anderen Alkoholsorten experimentieren möchten, suchen Sie ein Rezept aus, das ein alkoholisches Getränk mit einem ähnlichen Alkoholgehalt enthält wie das Rezept, das Sie herstellen möchten. Um z. B. Chambord Marshmallows herzustellen, folgen Sie dem Crème-de-Menthe-Rezept — beide Produkte haben ca. 15% Alkohol.

CRÈME-DE-MENTHE-MARSHMALLOWS

Ergibt ca. 24 Marshmallows von ca. 4 cm

Eine Form von 20 x 20 cm leicht einfetten.

GELATINE: Gelatine, 80 ml kaltes Wasser und Crème de Menthe in einer kleinen Schüssel vermengen. 10 Minuten einweichen.

SIRUP: Zucker, 60 ml Maissirup, Crème de Menthe, 60 ml Wasser und Salz in einem mittleren Topf bei großer Hitze vermengen. Unter gelegentlichem Umrühren kochen, bis eine Temperatur von 115 °C erreicht ist. Den restlichen Maissirup in den Mixbehälter eines Elektromixers mit Rühraufsatz geben. Gelatine ca. 30 Sekunden auf höchster Stufe in der Mikrowelle auflösen und in den Mixbehälter gießen. Mixer auf niedrige Geschwindigkeit stellen und laufen lassen.

MARSHMALLOWS: Wenn der Sirup 115 °C erreicht hat, diesen langsam in den Mix-behälter schütten. Auf mittlere Geschwindigkeit erhöhen und 5 Minuten schlagen. Auf mittlere bis hohe Geschwindigkeit erhöhen und weitere 3 Minuten schlagen. Auf höchster Geschwindigkeit nochmals 1–2 Minuten schlagen, dabei den Vanilleextrakt hinzufügen. Die fertige Marshmallow-Masse wird ihr Volumen mehr als verdoppelt haben. Mit einem Spatel schnell die Schokochips unterheben; zu heftiges Umrühren kann dazu führen, dass die Stückchen schmelzen und die Masse gräulich aussieht. Die Marshmallow-Masse in die vorbereitete Form geben. Puderzucker-Stärke-Mischung über die Oberfläche sieben. An einem kühlen, trockenen Ort 6 Stunden ruhen lassen.

Mit einem Messer die Marshmallow-Platte von den Rändern der Form lösen. Die Platte auf eine mit Puderzucker-Stärke-Mischung bestäubte Arbeitsoberfläche stürzen. In Stücke schneiden und die klebrigen Ränder mit Puderzucker-Stärke-Mischung bestäuben. Ein Backblech mit Pergamentpapier oder einer Backmatte aus Silikon auslegen. Die untere Seite eines jeden Marshmallows in die geschmolzene Schokolade tauchen und auf das Backblech setzen. Ca. 10 Minuten in den Kühlschrank stellen, bzw. bis die Schokolade fest ist.

Crème de Menthe ist hellgrüner Likör mit intensivem Minzgeschmack; er verleiht diesen Marshmallows ein unglaubliches Aroma und eine intensive Farbgebung. Wenn Sie keinen Alkohol trinken oder zu jung für Alkohol sind, lassen Sie den Likör in der Gelatine und im Sirup weg und schlagen Sie stattdessen ½ TL Pfefferminzextrakt und etwas grüne Lebensmittelfarbe zusammen mit der Vanille in die Masse.

Gelatine:
4 TL	geschmacksneutrales Gelatinepulver
2 EL	Crème de Menthe (15%)

Sirup:
160 g	Zucker
120 ml	heller Maissirup
60 ml	Crème de Menthe
¼ TL	Salz

Marshmallows:
1 TL	reiner Vanilleextrakt
90 g	Mini-Zartbitter-Schokochips*
120 g	Puderzucker-Stärke-Mischung (S. 8), zzgl. ein wenig zum Bestäuben
230 g	Zartbitter-Schoko-chips (60–70% Kakaoanteil), geschmolzen und leicht abgekühlt

* Mini-Chips werden anstelle von normalen oder gehackter Schokolade deshalb empfohlen, weil sie sich gleichmäßig verteilen, für sauber geschnittene Marshmallows sorgen und nicht schmelzen.

MALIBU-MARSHMALLOWS

Ergibt ca. 24 Marshmallows von ca. 4 cm

Eine Form von 20 x 20 cm leicht einfetten. Ca. 115 g geröstete Kokosraspel gleichmäßig auf dem Boden der Form verteilen.

GELATINE: Gelatine mit Kokoswasser und Kokos-Rum in einer kleinen Schüssel vermengen. 10 Minuten einweichen.

SIRUP: Zucker, 60 ml des Maissirups, Kokoswasser, Kokos-Rum und Salz in einem mittleren Topf bei großer Hitze vermengen. Unter gelegentlichem Umrühren kochen, bis 115 °C erreicht sind. In der Zwischenzeit den restlichen Maissirup in den Mixbehälter eines Elektromixers mit Rühraufsatz geben. Gelatine ca. 30 Sekunden auf höchster Stufe in der Mikrowelle auflösen und in den Mixbehälter gießen. Mixer auf niedrige Geschwindigkeit stellen und laufen lassen.

MARSHMALLOWS: Wenn der Sirup 115 °C erreicht hat, diesen langsam und in gleichmäßigem Fluss in den Mixbehälter gießen. Auf mittlere Geschwindigkeit erhöhen und 5 Minuten schlagen. Weitere 3 Minuten bei mittlerer bis hoher Geschwindigkeit schlagen. Auf höchster Stufe nochmals 1–2 Minuten schlagen, dabei den Vanilleextrakt hinzufügen. Die fertige Marshmallow-Masse wird ihr Volumen mehr als verdoppelt haben. In die vorbereitete Form gießen und mit einem abgewinkelten Palettenmesser glatt in die Ecken streichen. Geröstete Kokosraspel großzügig über die Oberfläche streuen. An einem kühlen, trockenen Ort 6 Stunden ruhen lassen.

Mit einem Messer die Marshmallow-Platte von den Rändern der Form lösen und auf eine Arbeitsoberfläche stürzen. In Stücke schneiden und die klebrigen Ränder in geröstete Kokosraspel tauchen.

Wenn Sie lieber auf Alkohol verzichten möchten, können Sie ebenso köstliche Kokos-Marshmallows ohne Alkohol herstellen. Geben Sie dafür ca. ½ TL Kokosextrakt in den Marshmallow-Teig Vanille Classics (S. 16) und rollen Sie die Marshmallows in gerösteten Kokosraspeln.

Gelatine:
5 TL	geschmacksneutrales Gelatinepulver
60 ml	kaltes Kokoswasser*
2 EL	Kokos-Rum, z. B. Malibu (20%)

Sirup:
120 g	Zucker
120 ml	heller Maissirup
60 ml	Kokoswasser
2 EL	Kokos-Rum
¼ TL	Salz

Marshmallows:
1 TL	reiner Vanilleextrakt
80 g	süße Kokospaspel, geröstet*

* Kokoswasser gibt es in Naturkostläden und großen Supermärkten sowie im Internet. Falls es nicht erhältlich ist, kann normales Wasser verwendet werden.

* Um die Kokosraspel zu rösten, diese in einer gleichmäßigen Schicht über ein kleines Backblech verteilen und bei 175 °C ca. 10 Minuten rösten, dabei oft umrühren, damit sie nicht anbrennen.

FÜR KENNER

Gourmet-Aromen und -Texturen

Durchforsten Sie Wochenmärkte und Feinkostläden auf der Suche nach dem Ungewöhnlichen und Ausgefallenen? Sind Sie diejenige Person in Ihrem Freundeskreis, die vorschlägt, zum Vietnamesen zu gehen, während alle anderen Schweinsbraten und Bier möchten? Erscheinen Ihnen meine bisherigen Rezepte für Vanille- und Frucht-Marshmallows zu bieder? Nun, liebe Genussfreaks, hier sind ein paar Rezepte für den Kenner auf der Suche nach neuen Horizonten.

AHORNSIRUP-SPECK	54
Elvis	54
ANANAS-ROSMARIN	56
Gewürzkirsche	57
In Aromen schwelgen	57
MEERSALZ-KARAMELL-STRUDEL	58
GESALZENE ERDNÜSSE	60
Süß und salzig	60
MARSHMALLOWS MIT ROH(R)ZUCKER	61
MANGO-CHILI-LIMETTE	62
Azteken-Schokolade	62
FLUFFIG-SÜSSE GESCHENKIDEEN	63
Kakaogläser	63
Marshmallow-Pralinenschachtel	63
Picknickkörbchen	63

AHORNSIRUP-SPECK-MARSHMALLOWS

Ergibt ca. 24 Marshmallows von ca. 4 cm

Eine Form von 20 x 20 cm leicht einfetten.

GELATINE: Gelatine und 120 ml kaltes Wasser in einer kleinen Schüssel vermengen. 5 Minuten einweichen.

SIRUP: Zucker, Ahornsirup, Maissirup, 60 ml Wasser und Salz in einem mittleren Topf vermengen. Unter gelegentlichem Umrühren bei großer Hitze kochen, bis die Temperatur 115 °C erreicht hat. Eventuell muss die Hitzezufuhr zwischendurch reguliert werden, da dieser Sirup dazu neigt, hochzukochen. Gelatine in der Mikrowelle ca. 30 Sekunden lang auf höchster Stufe vollkommen auflösen. In den Mixbehälter eines Standmixers mit Rühraufsatz füllen. Mixer auf niedrige Geschwindigkeit stellen und laufen lassen.

MARSHMALLOWS: Wenn der Sirup 115 °C erreicht hat, diesen langsam in den Mixbehälter gießen. Auf mittlere Geschwindigkeit erhöhen und 5 Minuten schlagen. Auf mittlere bis hohe Geschwindigkeit erhöhen und weitere 3 Minuten schlagen. Zimt hinzufügen und auf höchster Stufe noch 1 Minute schlagen. Schnell die Speckstückchen unterheben. Die Marshmallow-Masse in die vorbereitete Form geben. Puderzucker-Stärke-Mischung über die Oberfläche sieben. An einem kühlen, trockenen Ort 6 Stunden ruhen lassen. Mit einem Messer die Marshmallow-Platte von den Rändern der Form lösen und auf eine Arbeitsoberfläche stürzen. In Stücke schneiden und mit Puderzucker-Stärke-Mischung bestäuben.

NOCH MEHR MARSHMALLOWS

Elvis: Ehren wir den King. Eine Portion Banane-Marshmallows (S. 39) aufschlagen. Ein Viertel der Masse in eine kleine Schüssel zusammen mit 3 EL Erdnussbutter füllen und gut vermengen. Die Erdnussbutter-Masse kreisförmig unter die verbleibende Banane-Marshmallow-Masse heben, sodass sie schwungvolle Linien bildet, während knusprige karamellisierte Speckstückchen untergehoben werden. *Danke, Elvis!*

Gelatine:
4 ½ TL geschmacksneutrales Gelatinepulver

Sirup:
110 g	Zucker
120 ml	Ahornsirup* Grad A, dunkel, oder Grad B
60 ml	heller Maissirup
¼ TL	Salz

Marshmallows:
⅛ TL	gemahlener Zimt
45 g	gehackter, karamellisierter Speck*
120 g	Puderzucker-Stärke-Mischung (S. 8), zzgl. ein wenig zum Bestäuben

* Um den echten Ahorngeschmack zu erhalten, sollte Ahornsirup Grad A dunkel (amber) bzw. Grad B verwendet werden, der einen intensiveren Geschmack hat als helle Grad-A-Varianten.

* Speck karamellisieren: sechs oder sieben Scheiben Speck auf einen Rost legen, der auf einem mit Folie ausgelegten Backblech liegt. 60 g hellbraunen Zucker mit ⅛ TL gemahlenem Zimt vermengen. Beide Speckseiten mit dieser Mischung einreiben. Bei 175 °C rösten, bis der Speck durchkaramellisiert ist (ca. 30-35 Minuten). Vor dem Zerschneiden auskühlen lassen.

ANANAS-ROSMARIN-MARSHMALLOWS

Ergibt ca. 24 Marshmallows von ca. 4 cm

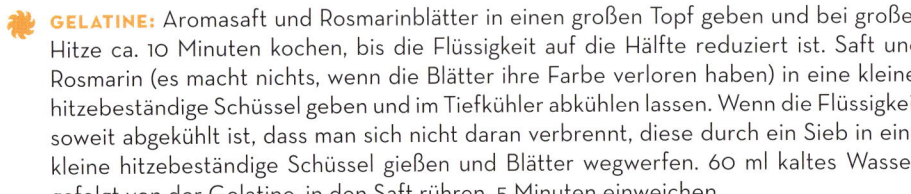

Eine Form von 20 x 20 cm leicht einfetten.

 Ca. 120 ml Wasser zum Auffüllen bereitstellen, wenn der Saft in der Gelatine einkocht.

GELATINE: Aromasaft und Rosmarinblätter in einen großen Topf geben und bei großer Hitze ca. 10 Minuten kochen, bis die Flüssigkeit auf die Hälfte reduziert ist. Saft und Rosmarin (es macht nichts, wenn die Blätter ihre Farbe verloren haben) in eine kleine, hitzebeständige Schüssel geben und im Tiefkühler abkühlen lassen. Wenn die Flüssigkeit soweit abgekühlt ist, dass man sich nicht daran verbrennt, diese durch ein Sieb in eine kleine hitzebeständige Schüssel gießen und Blätter wegwerfen. 60 ml kaltes Wasser, gefolgt von der Gelatine, in den Saft rühren. 5 Minuten einweichen.

SIRUP Zucker, 60 ml des Maissirups, Saft, 60 ml Wasser und Salz in einem mittleren Topf vermengen. Bei großer Hitze unter gelegentlichem Umrühren kochen, bis die Temperatur 115 °C erreicht. In der Zwischenzeit den restlichen Maissirup in den Mixbehälter eines Elektromixers mit Rühraufsatz geben. Die Gelatine ca. 30 Sekunden auf höchster Stufe in der Mikrowelle auflösen und in den Mixbehälter gießen. Mixer auf niedrige Geschwindigkeit stellen und laufen lassen.

MARSHMALLOWS: Wenn der Sirup 115 °C erreicht hat, diesen langsam in ständigem Fluss in den Mixbehälter gießen. Auf mittlere Geschwindigkeit erhöhen und 5 Minuten schlagen. Auf mittlere bis hohe Geschwindigkeit erhöhen und weitere 5 Minuten schlagen. Auf höchster Geschwindigkeit noch 1 Minute schlagen und dabei Vanille-extrakt und Lebensmittelfarbe hinzufügen. Die fertige Marshmallow-Masse wird ihr Volumen verdreifacht haben. Die Masse in die vorbereitete Form gießen und Puder-zucker-Stärke-Mischung über die Oberfläche sieben. An einem kühlen, trockenen Ort 8 Stunden ruhen lassen.

Mit einem Messer die Marshmallow-Platte von den Rändern der Form lösen und auf eine mit Puderzucker-Stärke-Mischung bestäubte Arbeitsoberfläche stürzen. In Stücke schneiden und die klebrigen Ränder in Puderzucker-Stärke-Mischung tauchen, Überschuss abklopfen.

Gelatine:
240 ml ungesüßter Ananassaft
2 TL frische Rosmarin-blätter
4 ½ TL geschmacksneutrales Gelatinepulver

Sirup:
120 g Zucker
120 ml heller Maissirup
60 ml ungesüßter Ananassaft
¼ TL Salz

Marshmallows:
1 TL reiner Vanilleextrakt
gelbe Lebensmittelfarbe in Gelform
120 g Puderzucker-Stärke-Mischung (S. 8), zzgl. ein wenig zum Bestäuben

Ananas ist eine jener Früchte, die sich nicht gut mit Gelatine verarbeiten lassen; sie enthält ein Enzym, das die Proteine in der Gelatine daran hindert, fest zu werden. Aus diesem Grund muss das Enzym zunächst ausgeschaltet werden, indem der Saft gekocht wird. Ein schöner Nebeneffekt beruht darin, dass der reduzierte Saft ein äußerst intensives Aroma entwickelt; das Erhitzen ermöglicht es, frischen Rosmarin direkt in die Gelatinemischung zu geben.

NOCH MEHR MARSHMALLOWS

Gewürz-Kirsch-Marshmallows: Ersetzen Sie den Ananassaft in der Gelatine-Phase und in der Sirup-Phase durch ungesüßten Sauerkirschsaft. Geben Sie 1 Zimtstange, 1 Sternanis und 2 Gewürznelken in den eindickenden Saft. Decken Sie den Topf zu und lassen Sie den Saft 15 Minuten ziehen, bevor Sie ihn im Tiefkühler abkühlen lassen. Verwenden Sie ein paar Tropfen rote Lebensmittelfarbe, um die rosa Farbe der Marshmallows etwas zu intensivieren. Rühren Sie 1 TL gemahlenen Zimt in die Puderzucker-Stärke-Mischung.

IN AROMEN SCHWELGEN

Dieses Rezept ist nur der Beginn der Freundschaft von Obst und Gewürzen im superaromatischen Marshmallow. Man kann so ziemlich alle Rezepte aus dem Kapitel „Frisch und fruchtig" verwenden, um in wunderschönen Kombinationen aus Kräutern und Obst zu schwelgen, indem man zuerst den Fruchtsaft oder das Fruchtmus erhitzt. Einige meiner Lieblingskombinationen sind Erdbeere-Basilikum, Zitrone-Thymian und Himbeere-Rose. Achten Sie unbedingt darauf, dass die Kräuter und Blüten unbehandelt und ungespritzt sind, bevor diese in die Mischung gelangen.

Eine andere Methode, Aromen in die Marshmallows „einziehen" zu lassen, ist die Verwendung von Tee. Ersetzen Sie in der Gelatine und im Sirup das Wasser durch eine superstarke Portion Tee. Rauchiger Earl Grey, Hagebutte, Minze und Chai-Mischungen sind köstlich. Verwenden Sie einen Tupfen Lebensmittelfarbe, um den Marshmallows einen sanften Farbschimmer zu verleihen – gerade genug, um ihr Aroma anzudeuten.

MEERSALZ-KARAMELL-STRUDEL

Ergibt ca. 24 Marshmallows von ca. 4 cm

Eine Form von 20 x 20 cm leicht einfetten und Überschuss abwischen.

SAHNE-SIRUP: Zucker, 2 EL Wasser und Maissirup in einem kleinen Topf bei großer Hitze vermengen. Rühren, bis sich der Zucker aufgelöst hat und der Sirup anfängt zu blubbern. Von diesem Punkt an den Sirup nicht mehr umrühren, sondern hin und wieder den Topf sanft schwenken. Wenn das Karamell eine helle Bernsteinfarbe erreicht, den Topf vom Herd nehmen und rasch die Sahne einrühren. Das Karamell wird heftig blubbern, also Vorsicht. Salz einrühren. Karamell in eine mittlere Schüssel geben.

MARSHMALLOWS: Eine Portion Marshmallow-Teig Vanille Classic aufschlagen. Rasch etwa ein Viertel der fertigen Masse in die Schüssel mit dem Karamell löffeln und gut vermengen. Die Karamell-Marshmallow-Masse zurück in die Schüssel mit dem Vanille-Teig schaben und mit einem großen Spatel beide Teige untereinanderheben; der Spatel zieht dabei eine Acht, wodurch geschwungene Linien, die „Strudel", entstehen. Die Marshmallow-Masse in die vorbereitete Form geben und mit einem abgewinkelten Palettenmesser glatt in die Ecken streichen. Puderzucker-Stärke-Mischung gleichmäßig und großzügig über die Oberfläche sieben. An einem kühlen, trockenen Ort 8 Stunden ruhen lassen.

Mit einem Messer die Marshmallow-Platte von den Rändern der Form lösen. Die Platte auf eine mit Puderzucker-Stärke-Mischung bestäubte Arbeitsoberfläche stürzen und großzügig und gleichmäßig bestäuben. In Stücke schneiden und die klebrigen Ränder in Puderzucker-Stärke-Mischung tauchen; Überschuss abklopfen. Nach 1–2 Tagen Lagerzeit müssen diese Marshmallows evtl. nochmals mit Puderzucker-Stärke-Mischung bestäubt werden.

 Falls Sie in Zeitnot sind oder Ihnen die Herstellung von Karamell nicht behagt, kann als akzeptabler Ersatz 120 ml gekaufte Karamellsauce guter Qualität (zusätzlich mit 1 Prise Salz gewürzt) dienen.

Sahne-Sirup:

55 g	Zucker
1 TL	heller Maissirup
3 EL	Sahne (möglichst 36–40%)
⅛ TL	Meersalz

Marshmallows:

1 Portion Marshmallow-Teig Vanille Classic (S. 16)
120 g Puderzucker-Stärke-Mischung (S. 8), zzgl. ein wenig zum Bestäuben

MARSHMALLOWS MIT GESALZENEN ERDNÜSSEN

Ergibt ca. 24 Marshmallows von ca. 4 cm

 MARSHMALLOWS: 1 Portion Vanille Classic aufschlagen. Erst die Vanille hinzufügen und dann die grob gehackten Erdnüsse unterheben. Marshmallow-Masse in die vorbereitete Form gießen. Die Oberfläche vollständig mit einer großzügigen Menge fein gehackter Erdnüsse bedecken, den Rest aufheben. An einem kühlen, trockenen Ort 6 Stunden ruhen lassen.

Mit einem Messer die Marshmallow-Platte von den Rändern der Form lösen und auf eine Arbeitsoberfläche stürzen. Großzügig mit einer Schicht fein gehackter Erdnüsse bedecken.

 Marshmallows:
1 Portion Marshmallow-Teig Vanille Classic (S. 16)
100 g geröstete, gesalzene Erdnüsse*, grob gehackt
190 g geröstete, gesalzene Erdnüsse, fein gehackt

Lesen Sie beim Einkauf der gesalzenen Erdnüsse unbedingt die Zutatenliste. Einige Marken enthalten zusätzliche Aromen wie Knoblauch und Paprika, die zwar zum Bier, jedoch nicht in die Marshmallows passen. Die Packung soll nur Erdnüsse, Öl und Salz enthalten.

SÜSS UND SALZIG

Nichts macht ein süßes Konfekt köstlicher als eine gute Prise Salz, denn vor allem bei Marshmallows zähmt es die überbordende Süße. Probieren Sie, die dunklen Schoko-Marshmallows von Seite 18 in zerstoßenen Kartoffelchips zu rollen. Oder mischen Sie den Marshmallow-Teig mit reichlich Popcorn und anderen süßen und salzigen Stückchen, um daraus die besten Popcorn-Bällchen der Welt zu machen (s. Popcorn-Bällchen, S. 91).

ROH(R)ZUCKER-MARSHMALLOWS

Ergibt ca. 24 Marshmallows von ca. 4 cm

Eine Form von 20 x 20 cm leicht einfetten.

GELATINE: Gelatine und 120 ml kaltes Wasser in einer kleinen Schüssel vermengen. 5 Minuten einweichen lassen.

SIRUP: Rohzucker, Agavensirup, 120 ml Wasser und Salz in einem großen Topf bei hoher Hitze vermengen. Unter gelegentlichem Umrühren kochen, bis eine Temperatur von 120–121 °C erreicht ist. Gelatine ca. 30 Sekunden in der Mikrowelle auf höchster Stufe vollständig auflösen und in den Mixbehälter eines Standmixers mit Rühraufsatz füllen. Auf niedrige Geschwindigkeit stellen und laufen lassen.

MARSHMALLOWS: Wenn der Sirup 120–121 °C erreicht hat, diesen langsam und in gleichmäßigem Fluss in den Mixbehälter schütten. Auf mittlere Geschwindigkeit erhöhen und 5 Minuten schlagen. Auf mittlere bis hohe Geschwindigkeit erhöhen und weitere 5 Minuten schlagen. Vanilleextrakt hinzufügen und auf höchster Stufe eine weitere Minute schlagen. Die fertige Marshmallow-Masse wird ihr Volumen verdreifacht haben. Die Masse in die vorbereitete Form gießen und mit einem abgewinkelten Paletten-messer glatt in die Ecken streichen. Puderzucker-Stärke-Mischung großzügig über die Oberseite sieben. An einem kühlen, trockenen Ort 8 Stunden ruhen lassen.

Die Marshmallow-Platte mit einem Messer von den Rändern der Form lösen und auf eine mit Puderzucker-Stärke-Mischung bestäubte Arbeitsoberfläche stürzen. In Stücke schneiden und die klebrigen Ränder in Puderzucker-Stärke-Mischung tauchen. Überschuss abklopfen.

Vielleicht ist Ihr Kind gegen raffinierten Zucker allergisch. Vielleicht wünschen Sie sich eine natürlichere Kochweise. Oder Sie verabscheuen, wie ich, Süßungsmittel, deren Auswirkung auf die Gesundheit höchst umstritten ist. Wie auch immer, mit diesen Marshmallows aus unraffiniertem Zucker, die darüber hinaus mit Fruchtextrakten und –ölen verfeinert werden können, bleibt Ihnen der süße Genuss ohne Reue erhalten. Im Übrigen kann dieser Zucker alternativ bei allen Rezepten in diesem Buch verwendet werden, bei denen granulierter, weißer Zucker und Maissirup auf der Zutatenliste stehen.

Gelatine:
5 TL geschmacksneutrale Gelatine

Sirup:
170 g Rohzucker (unraffiniert)
120 ml heller Agavensirup
¼ TL Salz

Marshmallows:
1 TL reiner Vanilleextrakt
120 g Puderzucker-Stärke-Mischung (S. 8), zzgl. ein wenig zum Bestäuben*

* Zum naturbelassenen Zucker passt eine Bemehlung aus reiner Mais- oder Kartoffelstärke.

MANGO-CHILI-LIMETTEN-MARSHMALLOWS

Ergibt ca. 24 Marshmallows von ca. 4 cm

Eine Form von 20 x 20 cm leicht einfetten.

GELATINE: Gelatine, Mangopüree, Limettensaft und 2 EL kaltes Wasser in einer kleinen, hitzebeständigen Schüssel vermengen. 10 Minuten einweichen.

SIRUP: Zucker, 60 ml des Maissirups, Mangopüree, 60 ml Wasser, Cayennepfeffer und Salz in einem mittleren Topf bei hoher Hitze vermengen. Kochen, bis eine Temperatur von 117–118 °C erreicht ist.

Verwenden Sie einen harten, hitzebeständigen Spatel, um den Sirup gelegentlich umzurühren und über den Topfboden zu schaben, damit der Sirup nicht anhaftet oder anbrennt. Dieser Sirup neigt zudem dazu, im Topf hochzukochen, weshalb evtl. die Hitzezufuhr zwischendurch reguliert werden muss, damit der Sirup nicht überkocht.

Den restlichen Maissirup in den Mixbehälter eines Elektromixers mit Rühraufsatz füllen. Gelatine ca. 30 Sekunden in der Mikrowelle auf höchster Stufe vollständig auflösen und in den Maissirup gießen. Mixer auf niedrige Geschwindigkeit stellen und laufen lassen.

MARSHMALLOWS: Wenn der Sirup 117–118 °C erreicht hat, diesen langsam in stetigem Fluss in den Mixbehälter gießen. Sollte sich der Sirup am Topfboden etwas angesetzt haben, ist das nicht schlimm; der Bodensatz sollte lediglich nicht mit in die Masse geschabt werden. Auf mittlere Geschwindigkeit erhöhen und 5 Minuten schlagen. Auf mittlere bis hohe Geschwindigkeit erhöhen und weitere 5 Minuten schlagen. Auf der höchsten Stufe weitere 1–2 Minuten schlagen, bzw. bis sich das Volumen der Masse verdreifacht hat. Die Marshmallow-Masse in die vorbereitete Form gießen und Puderzucker-Stärke-Mischung über die Oberseite sieben. 8 Stunden ruhen lassen.

Mit einem Messer die Marshmallow-Platte von der Form lösen. Die Platte auf eine mit Puderzucker-Stärke-Mischung bestäubte Arbeitsoberfläche stürzen und noch- mals bestäuben. In Stücke schneiden und die klebrigen Ränder in Puderzucker- Stärke-Mischung tauchen. Überschuss abklopfen. Diese Marshmallows müssen nach 1 oder 2 Tagen Aufbewahrungszeit evtl. nochmals mit Puderzucker-Stärke-Mischung bestäubt werden.

Eine ganz andere Variante lässt sich in Form von würzig-süßen Azteken- Schokolade-Marshmallows herstellen: Fügen Sie dieselbe Menge Cayenne- pfeffer wie oben in die Masse der dunklen Schoko-Marshmallows (S. 18).

Gelatine:
5 TL	geschmacksneutrales Gelatinepulver
115 g	Mangopüree
2 EL	frisch gepresster Limettensaft

Sirup:
120 g	Zucker
120 ml	heller Maissirup
2 EL	Mangopüree
1/8 TL	Cayennepfeffer
1/4 TL	Salz

Marshmallows:
120 g	Puderzucker- Stärke-Mischung (S. 8), zzgl. ein wenig zum Bestäuben

FLUFFIG-SÜSSE GESCHENKIDEEN

Süß und zart, wie sie sind, stellen selbst gemachte Marshmallows dennoch recht robuste Schmuckstücke dar, die nicht so schnell matschig werden oder schmelzen (außer wenn sie direkter Hitze ausgesetzt werden). Aus diesem Grund eignen sie sich bestens dafür, verschickt oder als Geschenk verpackt zu werden. Man kann sie in Dosen oder in Beutel verpacken, aber da ihr Anblick aufgrund ihrer Leuchtkraft und Farbenfreude für sich genommen bereits große Freude bereitet, erfordern sie wenig mehr als einfache Plastikfolie, versehen mit einer hübschen Schleife, um ein großartiges Geschenk abzugeben. Hier sind einige meiner Lieblingsideen für Mitbringsel zur Party oder andere kleine Anlässe.

KAKAOGLÄSER: Füllen Sie ein großes Einweckglas mit allen trockenen Zutaten für eine seelenerwärmende Portion heißer Schokolade (als Inspirationsquelle siehe das Kapitel „Dessert-Drinks" auf Seite 94). Ziehen Sie ein Stück Vintage-Stoff über den Deckel und binden Sie eine Schleife darum. Darin eingebunden befindet sich ein handgeschriebenes Rezept mit Angaben zu den übrigen Zutaten und Kochanweisungen. Das Ganze in eine hübsche Schachtel oder ein Körbchen mit selbst gemachten Marshmallows geben. Ein lustiger Kakaobecher rundet das Geschenk ab.

MARSHMALLOW-PRALINENSCHACHTEL: Schaffen Sie Ihr eigenes Meisterwerk der Confiserie mit einer übergroßen „Pralinenschachtel". Suchen Sie eine große, stabile Geschenkschachtel, die Sie mit einem schön gemusterten Papier auskleiden. Schneiden Sie einige Marshmallow-Platten in verschiedenen Aromen in große Vierecke oder andere Formen (und tauchen Sie einige davon in Schokolade, wenn Sie schon einmal dabei sind!). Setzen Sie jedes Marshmallow in Cupcake-Förmchen und ordnen Sie diese schön in der Schachtel an, eben so wie in einer klassischen Pralinenschachtel.

PICKNICKKÖRBCHEN: Kleiden Sie einen rustikalen Korb mit einer mit Kirschen bedruckten Serviette aus. Füllen Sie ihn mit einem Beutel selbst gemachter Marshmallows und Graham Cracker sowie einigen Schokoriegeln guter Qualität. Binden Sie einige Holzpicker mit einer hübschen Schleife zusammen, und Sie werden zur Königin selbst gemachter Geschenke ernannt.

QUENGELZONE

Süße Kreationen für Kinder jeden Alters

Nun, da die Cocktails der Erwachsenen mit bunten Marshmallows nur so gespickt sind, sollen auch die Kinder nicht zu kurz kommen. Also schnell ein paar fluffige Marshmallows in allen erdenklichen Farben und aromatischen Variationen aufgeschlagen, um die Kinder ins Schlaraffenland zu befördern. Brauen Sie tolle neue Aromen mit verrückten Mischungen, bunten Streuseln, buntem Getränkepulver und allen anderen erdenklichen Zutaten aus der Leckerecke.

BRAUSE-MARSHMALLOWS   66

ERDNUSSBUTTER   68
    Erdnussbutter mit Konfitüre   68

ROOT BEER   69
    Ginger Ale   69

BUBBLE GUM   70
    Die süße Welt der Aromaöle   70

GEBURTSTAGSTORTE   72
    Red Velvet   72

MARSHMALLOW-HÖRNCHEN   74

DIE WELT DER MARSHMALLOWS –
SÜSSE BASTELIDEEN   76
    Blühender Blumengarten   76
    Malloween-Friedhof   77
    Marshmallow-Schneemann   77
    Hochzeitstorte aus Mini-Marshmallows   77
    Marshmallow-Küken   77

BRAUSE-MARSHMALLOWS

Ergibt ca. 24 Marshmallows von ca. 4 cm

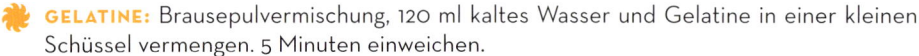

Eine Form von 20 x 20 cm leicht einfetten.

GELATINE: Brausepulvermischung, 120 ml kaltes Wasser und Gelatine in einer kleinen Schüssel vermengen. 5 Minuten einweichen.

SIRUP: Zucker, 60 ml Maissirup, 60 ml Wasser und Salz in einem mittleren Topf vermengen. Unter gelegentlichem Umrühren bei hoher Hitze zum Kochen bringen, bis die Temperatur 115 °C erreicht. Den restlichen Maissirup in den Mixbehälter eines Elektromixers mit Rühraufsatz geben. Gelatine in der Mikrowelle ca. 30 Sekunden auf höchster Stufe vollständig auflösen und in den Mixbehälter gießen. Mixer auf niedrige Geschwindigkeit stellen und laufen lassen.

MARSHMALLOWS: Wenn der Sirup 115 °C erreicht hat, diesen langsam in den Mixbehälter gießen. Auf mittlere Geschwindigkeit stellen und 5 Minuten schlagen. Auf mittlere bis hohe Geschwindigkeit erhöhen und weitere 5 Minuten schlagen. Auf höchster Stufe noch 1–2 Minuten schlagen. Die fertige Marshmallow-Masse wird ihr Volumen verdreifacht haben. Die Masse in die vorbereitete Form gießen und mit einem abgewinkelten Palettenmesser glatt in die Ecken streichen. Puderzucker-Stärke-Mischung großzügig über die Oberfläche sieben. An einem kühlen, trockenen Ort 6 Stunden ruhen lassen.

Die Marshmallow-Platte mit einem Messer von den Rändern der Form lösen. Die Platte auf eine mit Puderzucker-Stärke-Mischung bestäubte Arbeitsoberfläche stürzen und nochmals bestäuben. In Umrisse schneiden und die klebrigen Ränder in Knallzucker oder Puderzucker-Stärke-Mischung tauchen. Überschuss abklopfen.

Die Marshmallows so nahe an der Verzehrzeit wie möglich in Knallzucker wälzen, damit sie schön knackig sind!

Gelatine:
5 g	ungesüßtes Brausepulver, Aroma nach Wahl
5 TL	geschmacksneutrales Gelatinepulver

Sirup:
120 g	Zucker
120 ml	heller Maissirup
⅛ TL	Salz

Marshmallows:
120 g	Puderzucker-Stärke-Mischung (S. 8), zzgl. ein wenig zum Bestäuben
4 Päckchen	Knallzucker, zum Bestreuen (optional)

ERDNUSSBUTTER-MARSHMALLOWS

Ergibt ca. 24 Marshmallows von ca. 4 cm

Eine Form von 20 x 20 cm leicht einfetten.

MARSHMALLOWS: 1 Portion Marshmallow-Teig Vanille Classic aufschlagen. Erdnuss-butter in eine mittlere Schüssel geben. Schnell ca. ein Viertel der Marshmallow-Masse in eine Schüssel mit der Erdnussbutter geben. Rühren, bis alles gut vermengt ist. Erdnussbutter-Marshmallow-Teig zurück in die Schüssel mit dem Vanille-Teig schaben und mit einem großen Spatel die beiden Teige untereinanderheben, indem mit dem Spatel eine Acht gezogen wird – es ergeben sich geschwungene Linien, sogenannte „Swirls". In die vorbereitete Form geben und mit einem abgewinkelten Palettenmesser glatt in die Ecken streichen. Puderzucker-Stärke-Mischung gleich-mäßig über die Oberfläche sieben. An einem kühlen, trockenen Ort 6 Stunden ruhen lassen.

Mit einem Messer die Marshmallow-Platte von den Rändern der Form lösen. Die Platte auf eine mit Puderzucker-Stärke-Mischung bestäubte Arbeitsoberfläche stürzen und nochmals bestäuben. In Stücke schneiden und die klebrigen Ränder in Puderzucker-Stärke-Mischung tauchen. Überschuss abklopfen.

NOCH MEHR MARSHMALLOWS

Marshmallow-Sandwiches mit Erdnussbutter und Konfitüre: Schichten aus je 1 Por-tion Erdnussbutter-Marshmallows (s. o.) und Blaue-Trauben-Marshmallows (S. 30) bilden. Anmerkung zu geschichteten Marshmallows s. S. 41.

Marshmallows:
1 Portion Marshmallow-Teig
Vanille Classic (S. 16)
3 EL   cremige Erdnuss-
butter
120 g   Puderzucker-
Stärke-Mischung
(S. 8), zzgl. ein wenig
zum Bestäuben

ROOT BEER MARSHMALLOWS

Ergibt ca. 24 Marshmallows zu ca. 4 cm

Eine Form von 20 x 20 cm leicht einfetten.

GELATINE: Gelatine und kaltes Root Beer in einer kleinen Schüssel vermengen. 5 Minuten einweichen.

SIRUP: Root Beer, Zucker, Maissirup und Salz in einem mittleren Topf bei hoher Hitze vermengen. Kochen, bis die Temperatur 115 °C erreicht hat. Gelatine ca. 30 Sekunden in der Mikrowelle auf hoher Stufe vollständig auflösen und in den Mixbehälter eines Elektromixers mit Rühraufsatz gießen. Mixer auf niedrige Geschwindigkeit stellen und laufen lassen.

MARSHMALLOWS: Wenn der Sirup 115 °C erreicht hat, diesen langsam in den Mixbehälter gießen. Auf mittlere Geschwindigkeit erhöhen und 5 Minuten schlagen. Auf mittlere bis hohe Geschwindigkeit erhöhen und weitere 5 Minuten schlagen. Vanilleextrakt und Root-Beer-Extrakt oder –öl hinzufügen und noch 1 Minute schlagen. Die fertige Marshmallow-Masse wird ihr Volumen verdreifacht haben. Die Masse in die vorberei-tete Form gießen und mit einem abgewinkelten Palettenmesser glatt in die Ecken streichen. Puderzucker-Stärke-Mischung großzügig über die Oberseite sieben. An einem kühlen, trockenen Ort 6 Stunden ruhen lassen.

Mit einem Messer die Marshmallow-Platte von den Rändern der Form lösen. Die Platte auf eine mit Puderzucker-Stärke-Mischung bestäubte Arbeitsoberfläche stürzen und nochmals bestäuben. In Stücke schneiden und die klebrigen Ränder in Puderzucker-Stärke-Mischung tauchen. Überschuss abklopfen.

Sollte das Root Beer beim Einfüllen in den Messbecher stark aufschäumen, den Schaum vollständig vergehen lassen, um sicherzustellen, dass die richtige Menge abgemessen wird.

NOCH MEHR MARSHMALLOWS

Ginger-Ale-Marshmallows: Das Root Beer durch ein Ginger Ale sehr guter Qualität ersetzen. Um das Ingweraroma zu betonen, ⅛ TL gemahlenen Ingwer unter die Puderzucker-Stärke-Mischung mischen.

Gelatine:
5 ½ TL geschmacksneutrales Gelatinepulver
160 ml kaltes Root Beer*

Sirup:
60 ml   Root Beer
120 g   Zucker
60 ml   heller Maissirupp
¼ TL   Salz

Marshmallows:
1 TL   reiner Vanilleextrakt
Root-Beer-Extrakt oder als -öl, optional
120 g   Puderzucker-Stärke-Mischung (S. 8), zzgl. ein wenig zum Bestäuben

* Das Root Beer sollte von guter Qualität sein; ein hochwertiges Root Beer entfaltet während der Ruhezeit sein Aroma. Wenn Sie kein gutes Root Beer bekommen können, intensivieren Sie das Aroma mit etwas Extrakt oder Aromaöl.

KAUGUMMI-MARSHMALLOWS

Ergibt ca. 24 Marshmallows von ca. 4 cm

Eine Form von 20 x 20 cm leicht einfetten.

MARSHMALLOWS: Eine Portion Marshmallow-Teig Vanille Classic aufschlagen, dabei die Vanille auf 1 TL reduzieren. Einige Tropfen rosa Lebensmittelfarbe und 3–4 Tropfen Kaugummi-Aromaöl hinzufügen und auf hoher Stufe einige Sekunden schlagen. Mixer anhalten und Marshmallow-Masse kosten, bevor der Mixvorgang wiederholt wird; bei jedem Mixvorgang lediglich 1 oder 2 Tropfen hinzufügen, dann wieder kosten. Die fertige Marshmallow-Masse wird ihr Volumen verdreifacht haben. Die Masse in die vorbereitete Form geben und mit einem abgewinkelten Palettenmesser glatt in die Ecken streichen. Puderzucker-Stärke-Mischung gleichmäßig über die Oberseite sieben. An einem kühlen, trockenen Ort 6 Stunden ruhen lassen.

Mit einem Messer die Marshmallow-Platte von den Rändern der Form lösen. Die Platte auf eine mit Puderzucker-Stärke-Mischung bestäubte Arbeitsoberfläche stürzen und nochmals bestäuben. In Umrisse schneiden und die klebrigen Ränder in Puderzucker-Stärke-Mischung tauchen. Überschuss abklopfen.

Marshmallows:
1 Portion Marshmallow-Teig Vanille Classic (S. 16)
rosa Lebensmittelfarbe in Gelform
Lebensmittel-Aromaöl, Kaugummi-Aroma
120 g Puderzucker-Stärke-Mischung (S. 8), zzgl. ein wenig zum Bestäuben

DIE SÜSSE WELT DER LEBENSMITTEL-AROMAÖLE

Lebensmittel-Aromaöle haben eine stark aromatisierende Wirkung. Erhältlich sind sie online und in Backzubehörläden. Einige Tropfen haben eine starke Wirkung, weshalb immer nur 1 oder 2 Tropfen auf einmal zugefügt werden dürfen. Nach Einrühren von 1 oder 2 Tropfen sollte man die Masse zunächst kosten, bevor weiteres Öl hinzugefügt wird.

Es gibt eine unglaubliche Vielzahl verschiedener Aromen. In diesem Rezept ist die Richtung „Kaugummi" gefragt, aber auch neue Kreationen wie Zuckerwatte, Bayerische Creme und Tuttifrutti geben den Marshmallows den ultimativen Kick. Nun, da Sie mit der Marshmallow-Herstellung bestens vertraut sind, können Sie Ihrer Fantasie bei Aroma- und Farbkombinationen freien Lauf lassen.

GEBURTSTAGSTORTE-MARSHMALLOWS

Ergibt ca. 24 Marshmallows von ca. 4 cm

Eine Form von 20 x 20 cm leicht einfetten.

 MARSHMALLOWS: Eine Portion Marshmallow-Teig Vanille Classic aufschlagen und dabei einige Tropfen gelbe Lebensmittelfarbe unterrühren, nachdem die Vanille hinzugefügt wurde.

 Achten Sie unbedingt darauf, dass die Marshmallow-Masse nicht zu heftig geschlagen wird, denn dann wird es unglaublich schwierig, die Kuchenmischung unterzuheben.

Ein Haarsieb über den Mixbehälter legen und ca. die Hälfte der Kuchenmischung über die Marshmallow-Masse sieben. Mit einem Spatel die Kuchenmischung sanft unterheben und die restliche Kuchenmischung darübersieben. Die bunten Zucker-streusel unterheben. Die Marshmallow-Masse in die vorbereitete Form gießen und mit einem abgewinkelten Palettenmesser glatt in die Ecken streichen. Puderzucker-Stärke-Mischung gleichmäßig und großzügig über die Oberfläche sieben. An einem kühlen, trockenen Ort 6 Stunden ruhen lassen.

Mit einem Messer die Marshmallow-Platte von den Rändern der Form lösen. Die Platte auf eine mit Puderzucker-Stärke-Mischung bestäubte Arbeitsoberfläche stürzen und nochmals bestäuben. In Stücke schneiden und die klebrigen Ränder in Puderzucker-Stärke-Mischung tauchen. Überschuss abklopfen. Als Dekoration die geschmolzene weiße Schokolade und die blaue Lebensmittelfarbe (oder die von Ihnen gewählte Farbe) vermengen und über jedes Marshmallow träufeln und noch ein paar Zuckerstreusel auf der Oberseite verteilen.

 Versuchen Sie, von diesen Marshmallows große Platten in Kuchenformen zu machen, diese übereinander zu stapeln und mit Deko-Artikeln wie für eine Geburtstagstorte zu dekorieren. Das ergibt eine tolle Alternative z. B. für Kinder mit Lebensmittelallergien oder einfach als lustige Tischdeko bei der Party. Für eine kreativ-matschige Betätigung am Kindergeburtstag können eine Reihe Glasuren und Dekoartikel bereitgelegt werden – dann können die Kids selbst dekorieren und sich so richtig austoben.

NOCH MEHR MARSHMALLOWS

Red-Velvet-Marshmallows: Tauschen Sie die Rührkuchenmischung gegen eine Mi-schung für Red-Velvet-Kuchen. Die machen besonders viel Freude, wenn sie in weißen Schokostreuseln gewälzt wurden.

Marshmallows:
	1 Portion Marshmallow-Teig Vanille Classic (S. 16)
	gelbe Lebensmittelfarbe in Gelform*
55 g	Backmischung für Rührkuchen
2 EL	bunte Zuckerstreusel
120 g	Puderzucker-Stärke-Mischung (S. 8), zzgl. ein wenig zum Bestäuben
170 g	weiße Schokolade, geschmolzen und abgekühlt
	blaue Lebensmittfarbe in Gelform

* Mit einem Tupfen gelber Lebensmittelfarbe sehen die Marshmallows am ehesten nach Kuchen aus, aber auch Blau und Rosa haben einen lustigen Effekt.

MARSHMALLOW-HÖRNCHEN

Ergibt 12 kleine Hörnchen

HÖRNCHEN: Backofen auf 175 °C vorheizen. Backblech leicht buttern oder mit einer Silikon-Backmatte auslegen. In einer großen Schüssel Eiweiße, Zucker, Butter, Vanilleextrakt und Salz zu einer glatten Masse verrühren. Mehl einrühren. Nacheinander Häufchen aus jeweils 2 TL Masse aufs Backblech setzen. Mit einem abgewinkelten Palettenmesser oder der Fingerspitze die Teighäufchen zu flachen Kreisen von ca. 10 cm abflachen. 8–9 Minuten backen, bis die Kreise rundherum leicht angebräunt und an den Rändern dunkelbraun sind. Schnell jeden Kreis um eine große Spritzbeuteltülle rollen, um ein Hörnchen zu formen, und die Enden zusammendrücken. Auf dem Kuchengitter abkühlen lassen, sie werden dabei schön knusprig. Wenn die Kreise zu fest werden, bevor sie gerollt werden, das Backblech für ca. 30 Sekunden zurück in den Ofen schieben, damit der Teig wieder weich wird. Vorgang wiederholen, bis der Teig aufgebraucht ist. (Wenn keine Silikon-Backmatte verwendet wird, das Backblech vor jeder neuen Backrunde neu buttern).

MARSHMALLOWS: Marshmallow-Teig aufschlagen und nach Wunsch färben und aromatisieren. Masse in einen Spritzbeutel mit einer großen, runden Tülle füllen und in die Hörnchen spritzen. Mit bunten Zuckerstreuseln oder anderer Deko verzieren. Vor dem Servieren 1 Stunde ruhen lassen. Je länger die Hörnchen aufbewahrt werden, desto weicher werden sie, weshalb sie so kurzfristig wie möglich vor dem Servieren hergestellt werden sollten.

Sollen die Hörnchen als Partygag dienen, können sie 1 Tag im Voraus hergestellt und in einem luftdichten Behälter aufbewahrt werden. Wenn sie während der Lagerzeit weich werden, können sie im Ofen 5 Minuten lang bei 175 °C wieder knusprig gemacht werden. Kühle, trockene Tage eignen sich am besten für die Herstellung der Hörnchen und der Marshmallow-Masse.

Hörnchen:
2 Eiweiß, Größe L, zimmerwarm
6 EL   Zucker
5 EL   Butter, geschmolzen
½ TL   reiner Vanilleextrakt
⅛ TL   Salz
40 g   Mehl, gesiebt

Marshmallows:
1 Portion Marshmallow-Teig, Aroma nach Wahl*
Lebensmittelfarbe in Gelform, Farbe nach Wahl
bunte Zuckerstreusel oder Dekoo

* Marshmallows jeglichen Aromas mit Ausnahme der alkoholhaltigen können zu Marshmallow-Hörnchen verarbeitet werden. Die Hörnchen auf der gegenüberliegenden Seite sind mit rosafarbenem Vanille Classic (S. 16) gefüllt.

DIE WELT DER MARSHMALLOWS – SÜSSE BASTELIDEEN

Ungeachtet der unzähligen Möglichkeiten des Aromatisierens sind Marshmallows auch gestalterisch wandlungsfähige kleine Juwelen. Wenn die Marshmallow-Platte fest geworden ist, lässt sie sich in so ziemlich alle Formen und Größen zerschneiden, die man sich vorstellen kann. Küchen- und Backzubehörläden halten eine schier unfassliche Auswahl an Keksausstechern bereit, mit deren Hilfe sich alle möglichen Umrisse jenseits des klassischen Würfels ausstechen lassen.

Auch ein verlässlicher Spritzbeutel ist ein perfektes Werkzeug, um die ausgefallensten Umrisse zu spritzen. Experimentieren Sie mit verschiedenen Tüllen für Marshmallows in jeglicher von Ihnen ersonnenen Form, wie Herzen, Wolken, Blüten und Rosetten. Sie ergeben hübsche und unerwartete Tortendekorationen – wie Fondant, nur viel köstlicher.

Der Trick beim Spritzen der Marshmallow-Masse ist, schnell genug zu arbeiten, bevor die Masse fest wird und nicht mehr gespritzt werden kann. Wenn Sie vor einer zähen, klebrigen Masse stehen, schaben Sie die Marshmallow-Masse einfach zurück in eine hitzebeständige Schüssel und erhitzen Sie die Masse kurz. Man kann die Schüssel einige Sekunden bei niedriger Hitze direkt auf die obere Backofenschiene stellen und hin und wieder umrühren, bis die Masse wieder locker geworden ist. Die Masse dann nochmals 1 oder 2 Minuten aufschlagen, um zur idealen Konsistenz der Marshmallow-Masse zurückzukehren. Vielleicht etwas klebrig, aber hilfreich!

Sobald Sie beginnen, sich auf die verschiedenen Gestaltungsarten der Marshmallows einzulassen, sind Sie in der Lage, die verrücktesten Formen und Umrisse zu gestalten. Hier sind einige beliebte „Designerobjekte" dieser fluffigen Juwelen.

BLÜHENDER BLUMENGARTEN: Füllen Sie eine klare Glasvase zur Hälfte mit grünen Streuseln. Stellen Sie Marshmallow-Platten in verschiedenen Farben und Aromen her (z. B. Vanille Classic, Traube, Erdbeere, Orange und Zitrone). Verwenden Sie Keksausstecher für Blütenumrisse.

Formen Sie Margeriten, indem Sie die Mitten mit einem kleineren, runden Ausstecher herausnehmen, mit Puderzucker-Stärke-Mischung bestäuben und Kreise in Blüten einer anderen Farbe wieder einsetzen. Als Stiel können unbiegsame, bunte Drähte, lange Lutscherstangen oder dünne Holzdübel (im Bastelladen erhältlich) in die Blüten gesteckt werden, bevor sie in der Vase angeordnet werden.

MALLOWEEN-FRIEDHOF: Marshmallow-Masse mit dunkler Schokolade in einer flachen Backform von 23 x 33 cm trocknen lassen. Schokowaffel-Krümel als „Erde" über die Marshmallow-Platte streuen. Grabsteine aus Trauben-Marshmallows schneiden und Kürbis-Marshmallows zur Herstellung von Halloween-Kürbislaternen verwenden, schließlich Guimauve-Schwünge als Gespenster (hierfür die Spritztechnik wie für Honig-Aprikose-Marshmallows auf S. 39 verwenden) aufspritzen. Erstellen Sie „Spinnen"-Kekse, indem Sie Tupfen aus Marshmallow-Masse auf Schoko-Waffeln spritzen und einige Streifen aus Lakritzeschnüren quer darüberlegen, darauf weitere Waffeln und bunte Süßigkeiten als Auge. Spritzen Sie Details aus geschmolzener Schokolade wie die Münder von Gespenstern und Grabinschriften auf, um Ihre Grusel-Szenerie zu vervollständigen.

MARSHMALLOW-SCHNEEMANN: Spritzen Sie Tupfen aus Vanille Classic oder Guimauve-Teig auf ein Backblech und bestäuben Sie sie mit Puderzucker-Stärke-Mischung. Bestreuen Sie diese freizügig mit weißen Streuseln oder grobem weißem Dekorzucker oder lassen Sie die Deko weg. Stecken Sie drei fest gewordene Stücke so auf Lutscherstangen, dass sie Schneemännern gleichen. Wenn Sie die Marshmallows nicht besprenkelt haben, überziehen Sie das Ganze mit geschmolzener weißer Schoko-lade, bevor Sie Süßigkeiten und andere Dekors hinzufügen.

HOCHZEITSTORTE AUS MINI-MARSHMALLOWS: Schneiden Sie Marshmallow-Platten in Kreise von drei verschiedenen Größen. Verwenden Sie geschmolzene weiße Schokolade als Kleber, um die Kreise wie die Etagen einer Hochzeitstorte aufeinander zu schichten. Mit Tupfen aus Royal Icing, Smarties und Glanzpuder dekorieren. Als Mitbringsel eignen sich kleine Beutel, gefüllt mit süßen, fluffigen Häppchen, verschlossen mit hübschem Schleifenband. Für eine Baby-Party oder andere Anlässe kann man z. B. mit Keksausstechern und entsprechenden Farben auf das Ereignis anspielen und so die anderen Gäste zu Begeisterungsstürmen animieren (Babyschuhe aus Marshmallows).

MARSHMALLOW-KÜKEN: Eine klassische Variante, die nicht einfacher sein könnte, benötigt wird lediglich ein Spritzbeutel und viel Fantasie. Belegen Sie ein Backblech großzügig mit buntem Zucker aus. Füllen Sie Vanille-Classic- oder Guimauve-Teig in einen Spritzbeutel mit einer großen, runden Tülle. Spritzen Sie eine Art vertikale S-Kurve. Lösen Sie den Druck auf den Beutel, wenn Sie halb durch die Kurve sind, und zeichnen Sie ein Gesicht mit Schnabel. Großzügig mit buntem Zucker bestreuen und trocknen lassen. Tupfen aus geschmolzener Schokolade auf die kleinen Piepmätze spritzen.

FLUFFIGE DESSERTS

Klebrige Köstlichkeiten aus Marshmallows

Nun, da Sie mit der Marshmallow-Herstellung bestens vertraut sind, machen wir den nächsten Schritt, indem wir unsere Marshmallow-Meisterschaft auf einige unglaublich köstliche Desserts ausweiten. Eine Portion Marshmallow-Teig dient als Grundlage für zahlreiche Leckereien, die wir alle bereits kennen und lieben. Abhängig von Verarbeitung und Zutaten dient das Resultat als Garnierung, Glasur oder Füllung, eine köstlich-wackelige Textur oder sogar als schmackhaftes Bindemittel. Ganz zu schweigen vom ultimativen, sündhaften Supergenuss: Dutzende Marshmallows, in hippen Flüssigdesserts schwimmend.

AMBROSIA-TORTE	80
ZITRONEN-WHOOPIE-PIES	83
CUPCAKES	85
SCHOKO-MARSHMALLOW-ROLLE	87
MINT-MARSHMALLOW-COOKIE-SANDWICHES	88
REIS-CRISPIES, WEISSE SCHOKOLADE UND MALZMILCH	90
Vom Umgang mit Marshmallows	90
POPCORN-BÄLLCHEN	91
BLONDE ROCKY ROAD	92
DESSERT-DRINKS	94
Heiße Schokolade mit Malzmilch	94
Ultimative heiße Schokolade	94
Deftig gewürzte heiße Schokolade	95
Vanillemilch mit fünf Gewürzen	95

AMBROSIA-TORTE

Ergibt eine 3-Schichten-Torte von 25 cm Ø

KUCHENTEIG: Backofen auf 175 °C vorheizen. Eine Gugelhupfform mit Kochspray einfetten. Mehl, Backpulver und Salz in eine mittlere Schüssel sieben. Milch ca. 1 Minute auf hoher Stufe in der Mikrowelle erhitzen, dann Vanilleextrakt einrühren. Im Mixbehälter eines Elektromixers mit Schmetterlingsaufsatz die Eigelbe mit 120 g des Zuckers ca. 3 Minuten mixen, bis die Masse ihr Volumen verdoppelt hat. Geschwindigkeit reduzieren und die Vanillemilch hinzufügen. Nach und nach die Mehlmischung unterrühren.

Die Eiweiße auf mittlerer bis hoher Stufe im Elektromixer mit Rühraufsatz ca. 2–3 Minuten schlagen, bis sich weiche Zipfel bilden. Nach und nach den übrigen Zucker hinzufügen und ca. 1 weitere Minute schlagen, bis sich steife, glänzende Zipfel bilden.

Ein Drittel der Eiweiße unter die Eigelbmischung heben, damit sie leichter wird. Dann das verbliebene Eiweiß unterheben. Wenn gerade noch ein paar Streifen Eiweiß im Teig sind, vorsichtig Ananas, Orangen und Kirschen in zwei Portionen unterheben. Teig in die vorbereitete Backform füllen. 45–50 Minuten backen, bis der Kuchen goldbraun ist und ein zur Probe hineingesteckter Spieß o. Ä. sauber herauskommt. Kuchenform auf ein Kuchengitter stürzen und Kuchen in der Form mindestens 1 Stunde lang vollständig auskühlen lassen.

Dieses Ungeheuer von Festtagskuchen ist ein ziemliches Projekt, aber dafür ein absoluter Hingucker und die Mühe wert. Bei Bedarf kann der Kuchen 1 Tag im Voraus gebacken werden (vollkommen ausgekühlt und gut in Plastikfolie eingewickelt aufbewahren), aber die Herstellung der Glasur und der Zusammenbau der Torte sollten am Tag des Servierens geschehen, um zu garantieren, dass die Torte schön locker und luftig ist.

KUCHENTEIG:

120 g	Mehl
1 ½ TL	Backpulver
½ TL	Salz
80 ml	Milch
1 TL	reiner Vanilleextrakt
5	Eier Größe L, getrennt, zimmerwarm
160 g	Zucker
230 g	Ananasstücke aus der Dose, gut abgetropft und trocken getupft
315 g	Mandarinen aus der Dose, gut abgetropft und trocken getupft
90 g	Maraschino-Kirschen, gehackt und trocken getupftt

Fortsetzung auf Seite 82

AMBROSIA-TORTE, FORTSETZUNG

GELATINE: Gelatinepulver und 60 ml kaltes Wasser in einer kleinen Schüssel vermengen und 5–10 Minuten einweichen.

MERINGUE-FLUFF: Eiweiße und Weinstein in den sauberen Mixbehälter eines Elektromixers mit Rührbesenaufsatz geben. Auf hoher Geschwindigkeit schlagen, bis sich feste Zipfel bilden. Mixer anhalten.

SIRUP: Zucker, Maissirup, 60 ml Wasser und Salz in einem kleinen Topf bei hoher Hitze vermengen. Unter gelegentlichem Umrühren kochen, bis eine Temperatur von 110 °C erreicht ist.

Vorbereitungen für die Marshmallows: gehackte Pekannüsse und Kokosraspel auf einem kleinen Backblech vermengen und im Ofen bei 150 °C ca. 10 Minuten rösten, bis sie goldbraun sind. Häufig umrühren, damit sie nicht anbrennen.

MARSHMALLOWS: Wenn der Sirup 110 °C erreicht hat, die Gelatine hineinschaben und ca. 15 Sekunden aufschlagen, bis die Gelatine aufgelöst ist. Den Mixer auf mittlere Geschwindigkeit stellen und den Sirup langsam in das Meringue-Fluff gießen. Auf hohe Geschwindigkeit stellen und 7–8 Minuten schlagen, bis die Masse ihr Volumen verdreifacht hat und sich der Rührbehälter kühl anfühlt. Vanille- und Mandelextrakt einrühren. Drei Viertel der gerösteten Nussmischung einrühren und den Rest zum Garnieren verwahren.

Den Kuchen mit einem langen, gezackten Messer waagerecht in drei gleich große Platten schneiden. Einen Boden mit der Schnittseite nach oben auf eine Servierplatte legen. Ein Drittel der Marshmallow-Masse gleichmäßig auf dem ersten Boden verteilen, dabei ca. 1,5 cm Rand lassen. Den zweiten Boden leicht auf die erste Lage drücken. Ein weiteres Drittel der Marshmallow-Masse auf dem Boden verteilen und den dritten Boden auflegen. Torte mit der verbliebenen Masse bedecken, dabei mit dem Spatel oder Löffel geschwungene Linien ziehen. Mit der beiseitegestellten gerösteten Nuss-Kokos-Mischung bestreuen und mit Maraschino-Kirschen garnieren. Vor dem Servieren 30 Minuten ruhen lassen.

MARSHMALLOW-FROSTING

Gelatine:

4 TL	geschmacksneutrales Gelatinepulver

Meringue-Fluff:

6	Eiweiß, Größe L, zimmerwarmr
½ TL	Weinstein

Sirup:

160 g	Zucker
120 ml	heller Maissirup
¼ TL	Salz

Marshmallows:

2 TL	reiner Vanilleextrakt
¾ TL	reiner Mandelextrakt
80 g	Kokosraspel, geröstet
80 g	gehackte Pekannüsse, geröstet
	ganze Maraschino-Kirschen zum Garnieren

ZITRONEN-WHOOPIE-PIES

Ergibt ca. 16 weiche Doppelkekse mit Marshmallowfüllung von 7,5 cm Ø

Backofen auf 175 °C vorheizen. Zwei Backbleche mit Pergamentpapier auslegen.

◆ **ZITRONENKEKSE:** Mehl, Backpulver, Natron und Salz in einer mittleren Schüssel zusammensieben. In einer kleinen Schüssel Milch, Zitronensaft und Vanilleextrakt vermengen. Im Mixbehälter eines Elektromixers mit Schmetterlingsaufsatz Butter, Zucker und Zitronenschale bei mittlerer Geschwindigkeit ca. 2 Minuten schlagen, bis die Masse luftig ist. Ein Ei nach dem anderen in die Mischung schlagen. Auf niedrige Geschwindigkeit reduzieren und die Mehl- und Milchmischung in jeweils drei Portionen abwechselnd hinzufügen. Wenn nur noch einige Streifen Mehl übrig sind, von Hand die weißen Schokochips unterheben. Tupfen aus 2 EL Teig in Abständen von 8 cm auf die vorbereiteten Backbleche setzen. Ca. 15 Minuten backen, bzw. bis die Kuchen bei Berührung zurückspringen. Nach der Hälfte der Backzeit die Vorderseite der Bleche nach hinten drehen und das obere Blech nach unten und umgekehrt setzen. Die Kekse auf ein Kuchengitter legen und vollständig auskühlen lassen. Vorgang mit dem verbliebenen Teig wiederholen.

◆ **MARSHMALLOWS:** Während die Kekse auskühlen, die Butter in den Mixbehälter eines Elektromixers mit Schmetterlingsaufsatz geben und glatt und cremig schlagen. Die Marshmallow-Creme, gefolgt von Puderzucker, Zitronenextrakt und gelber Lebensmittelfarbe einrühren. Füllung mindestens 15 Minuten im Kühlschrank kühlen. In einen Spritzbeutel geben und großzügig auf die Hälfte der Kuchen spritzen und die andere Hälfte der Kekse daraufsetzen. Sofort servieren.

Die Aromen dieser Whoopies können ausgetauscht werden, indem die Zitronenschale in den Keksen weggelassen und stattdessen andere Extrakte oder Öle zu Keksen und Füllung hinzugefügt werden (s. Abbildung, S. 78).

◆ **Zitronenkekse:**
- 270 g Mehl
- 1 TL Backpulver
- ½ TL Natron
- ½ TL Salz
- 120 ml Milch
- 60 ml Zitronensaft
- 1 TL reiner Vanilleextrakt
- 115 g Butter, zimmerwarm
- 100 g granulierter Zucker
- 110 g hellbrauner Zucker
- 1 EL geriebene Zitronenschale
- 2 Eier, Größe L, zimmerwarm
- 120 g weiße Schokochips

◆ **Marshmallow-Füllung:**
- 115 g Butter, gekühlt
- 350 g hausgemachte Marshmallow-Creme (S. 26)
- 120 g Puderzucker
- ½ TL Zitronenextrakt
- gelbe Lebensmittelfarbe in Gelform

CUPCAKES

Ergibt ca. 12 Cupcakes

Backofen auf 175 °C vorheizen. Muffinförmchen in ein 12-Mulden-Muffinblech legen.

◆ **KRUSTE:** Vollkornkekse, Zucker und Salz in die Rührschüssel der Küchenmaschine geben und fein mahlen. Bei laufender Maschine die geschmolzene Butter hineingeben und mixen, bis die Krumen gleichmäßig befeuchtet sind und an nassen Sand erinnern. Die Krumenmischung gleichmäßig auf die Muffinmulden verteilen, ca. 1 ½ TL pro Mulde. Mit den Fingerspitzen festdrücken. Ca. 7 Minuten backen, bzw. bis die Krusten fest und hellbraun sind. In den Blechen auf dem Kuchengitter abkühlen; den Backofen angestellt lassen.

◆ **CUPCAKES:** Mehl, Zucker, Kakaopulver, Natron, Backpulver und Salz im Mixbehälter eines Elektromixers zusammensieben. In einer mittleren Schüssel Ei, Kaffee, Buttermilch, Öl und Vanilleextrakt vermengen. Die trockenen Zutaten 30 Sekunden zunächst bei niedriger Geschwindigkeit vermengen; langsam die feuchten Zutaten dazugießen. Auf mittlere Geschwindigkeit erhöhen und 2 Minuten schlagen. Teig gleichmäßig auf die Muffinmulden verteilen, indem er auf die gebackenen Krusten gegossen wird; die Förmchen sollten höchstens drei Viertel voll sein. 22–25 Minuten backen, bzw. bis die Oberflächen der Cupcakes bei Berührung zurückspringen. Auf dem Kuchengitter auskühlen lassen.

Dies ist die Art Schokokuchen, bei dem jeder Sie nach dem Rezept fragen wird. Die Kombination aus Kaffee und Buttermilch verleiht dem Schokoladearoma unvergleichliche Tiefe und Vielfalt, und die Textur ist göttlich — dicht, zart und saftig zugleich.

SCHOKO-VOLLKORNKEKSE-CUPCAKES

 **Kruste:**

85 g	zerkrümelte Vollkornkekse (S. 27)
2 EL	Zucker
⅛ TL	Salz
3 EL	Butter, geschmolzen

◆ **Cupcakes:**

90 g	Mehl
120 g	Zucker
6 EL	dunkles, ungesüßtes Kakaopulver
¾ TL	Natron
½ TL	Backpulver
¼ TL	Salz
1	Ei, Größe L
6 EL	starker gebrühter Kaffee
6 EL	Buttermilch
6 EL	Rapsöl
½ TL	reiner Vanilleextrakt

Fortsetzung auf Seite 86

CUPCAKES, FORTSETZUNG

GELATINE: Gelatine und 2 EL kaltes Wasser vermengen. 5 Minuten einweichen.

FLUFF: Eiweiße und Weinstein in den Mixbehälter eines Elektromixers mit Rühraufsatz geben. Bei hoher Geschwindigkeit schlagen, bis sich nach ca. 2–3 Minuten weiche Zipfel bilden. Mixer anhalten.

SIRUP: Zucker, Maissirup, 60 ml Wasser und Salz in einem mittleren Topf bei großer Hitze vermengen. Unter gelegentlichem Umrühren kochen, bis eine Temperatur von 110 °C erreicht ist.

MARSHMALLOWS: Wenn der Sirup 110 °C erreicht hat, diesen schnell in die Gelatine rühren. Mixer auf mittlere Geschwindigkeit stellen und vorsichtig einige EL Sirup in die Eiweiße tröpfeln, damit sich diese erwärmen, aber nicht stocken. Vorgang zwei- oder dreimal Mal jeweils mit einigen Tropfen wiederholen und dann den Rest des Sirups hinzufügen. Bei hoher Geschwindigkeit 7-8 Minuten schlagen, bis die Masse ihr Volumen verdreifacht hat. Vanilleextrakt einrühren.

Masse in einen Spritzbeutel mit großer Tülle geben. Großzügige Schwünge auf jeden Cupcake spritzen oder jeweils einen Tupfen mit dem Spatel aufbringen. Mit dem Flambierer leicht flambieren. Alternativ können Teigtupfen auf einem Backblech unter den Grill gesetzt werden. Gut im Auge behalten, damit nichts anbrennt oder schmilzt.

Diese Cupcakes schmecken am besten am Tag der Herstellung. Bei Bedarf können sie 1 Tag im Voraus gebacken werden, wobei dann der Marshmallow-Zuckerguss am Tag des Servierens aufgetragen und flambiert wird.

FÜR DEN FLAMBIERTEN MARSHMALLOW-ZUCKERGUSS

Gelatine:

2 TL	geschmacksneutrales Gelatinepulver

Fluff:

6	Eier, Größe L, zimmerwarm
¼ TL	Weinstein

Sirup:

240 g	Zucker
120 ml	heller Maissirup
¼ TL	Salz

Marshmallows:

2 TL	reiner Vanilleextrakt

SCHOKO-MARSHMALLOW-ROLLE

Ergibt 1 Rolle für 10 Portionen

KUCHEN: Ein Rost in die Mitte des Backrohrs schieben und den Ofen auf 175 °C vorheizen. Ein Backblech von 30 x 40 cm mit Pergamentpapier oder Silikon-Backmatten (kein gewachstes Papier) auslegen und mit Kochspray einfetten. Schokolade und Butter in eine mittelgroße, hitzebeständige Schüssel geben. Auf hoher Stufe in der Mikrowelle in 30-Sekunden-Stößen schmelzen; nach jedem Stoß gut umrühren.

Mehl, Kakaopulver und Natron in einer mittleren Schüssel zusammensieben. Im Mixbehälter eines Elektromixers mit Schmetterlingsaufsatz Eier und Zucker bei mittlerer bis hoher Geschwindigkeit ca. 5 Minuten schlagen, bzw. bis sich das Volumen verdreifacht hat. Geschwindigkeit reduzieren und die abgekühlte Schokolademischung einrühren. Nun die trockenen Zutaten und den Kaffee jeweils abwechselnd in drei Portionen hinzufügen. Teig auf das vorbereitete Backblech geben. Backblech auf den Rost setzen und 15 Minuten backen, bzw. bis der Kuchen bei leichter Berührung zurückspringt. Auf ein sauberes Küchentuch stürzen, das mit einem sauberen Blatt Pergamentpapier bedeckt ist. Das Pergamentpapier vom Kuchen abziehen. Den warmen Kuchen vorsichtig rollen und auf dem Kuchengitter vollständig auskühlen lassen.

MARSHMALLOW-FÜLLUNG: Marshmallow-Creme und Butter kurz zusammenmixen. Den abgekühlten Kuchen langsam entrollen. Die Füllung gleichmäßig auf der Oberseite verteilen, dabei auf allen Seiten ca. 2,5 cm Rand lassen. Kuchen wieder aufrollen, das Pergamentpapier dabei zurücklassen. Vorsichtig beide Hände unter den gerollten Kuchen gleiten lassen und diesen schnell auf eine Servierplatte legen. Im Kühlschrank aufbewahren, während die Glasur hergestellt wird.

SCHOKOGLASUR: Schokolade und Sahne in einer hitzebeständigen Schüssel vermengen. Bei mittlerer Einstellung in der Mikrowelle in 30-Sekunden-Stößen schmelzen, nach jedem Stoß gut umrühren. Zum Schluss saubere Pergamentstreifen unter die Ränder des Kuchens stecken, damit keine Glasur auf die Platte läuft. Kuchen vollständig mit Glasur überziehen. Nur so lange in den Kühlschrank stellen, bis die Glasur fest wird. Vor dem Servieren das Pergamentpapier entfernen.

Kuchen:

170 g	Zartbitterschokolade, gehackt (60-70% Kakaoanteil)
6 EL	Butter
120 g	Mehl, in zwei Portionen aufgeteilt
3 EL	dunkles, ungesüßtes Kakaopulver
½ TL	Natron
4	Eier, Größe L
200 g	granulierter Zucker
180 ml	starker gebrühter Kaffee

Marshmallow-Füllung:

130 ml	hausgemachte Marshmallow-Creme (S. 26)
115 g	Butter, gekühlt

Schokoglasur

170 g	Zartbitterschokolade, gehackt (60-70% Kakaogehalt)
170 g	Sahne (36-40% Fett)

MINT-MARSHMALLOW-COOKIE-SANDWICHES

Ergibt ca. 24 kleine oder 8 bis 10 große Minz-Sandwiches

WAFFELN: Die Hälfte der Waffeln mit der Unterseite nach oben auf ein großes Backblech legen.

MARSHMALLOWS: Eine halbe Portion Marshmallow-Teig Vanille Classic aufschlagen, dabei in der letzten Minute des Aufschlagens zusammen mit der Vanille, den Minzextrakt und die grüne Lebensmittelfarbe hinzufügen. Teig in einen Spritzbeutel mit großer, runder Tülle geben. Großzügige Tupfen auf jeden Keks spritzen. Jeweils einen zweiten Keks darauflegen.

Schokochips in einer hitzebeständigen Schüssel über dem Wasserbad oder in der Mikrowelle auf hoher Stufe in 30-Sekunden-Stößen schmelzen, nach jedem Stoß gut umrühren. Die geschmolzene Schokolade in einen kleinen Spritzbeutel mit einer kleinen runden Tülle füllen (oder in einen Plastikbeutel oder -tüte), von dem mit der Küchenschere die Spitze von einer Ecke abgeschnitten wurde). Jedes Keks-Sandwich großzügig und kunstvoll mit Schokolade beträufeln. Vor dem Servieren ca. 10–15 Minuten in den Kühlschrank stellen, bis die Schokolade fest ist.

Für kleinere Sandwiches eignen sich Kekswaffeln mit Schokoüberzug. Für größere Sandwiches wie auf nebenstehendem Bild können italienische Pizzelle o. Ä. verwendet werden.

Waffeln:
250 g dünne, mit Schokolade überzogene Waffelkekse oder italienische Pizzelle

Marshmallows:
½ Portion Marshmallow-Teig Vanille Classic
½ TL Minzextrakt
grüne Lebensmittelfarbe in Gelform
225 g Zartbitterschokochips

REIS-CRISPIES, WEISSE SCHOKOLADE UND MALZMILCH

Ergibt ca. 24 Stück

MARSHMALLOWS: Eine Portion Marshmallow-Teig Vanille Classic aufschlagen und mindestens 8 Stunden ruhen lassen. Die Marshmallow-Platte halbieren. Eine Hälfte in einige große Stücke schneiden und die andere Hälfte in Würfel von ca. 1,5 cm zerteilen. Die Mini-Marshmallows in etwas Puderzucker-Stärke-Mischung (S. 8) oder reiner Maisstärke wenden, damit sie nicht kleben. Überschuss abklopfen. Eine Form von 20 x 20 cm leicht einfetten.

REIS-CRISPIES: In einem großen Topf mit schwerem Boden die Butter bei mittlerer bis niedriger Hitze schmelzen. Die großen Marshmallows hinzufügen und rühren, bis sie fast geschmolzen sind. Die gehackte, weiße Schokolade hinzufügen und rühren, bis alles geschmolzen ist und eine glatte Masse entsteht. Das Malzmilchpulver und das Salz unterrühren. Reis-Crispies einrühren, bis sie gleichmäßig mit der Mischung überzogen sind. Die Mini-Marshmallows einrühren und die Masse schnell gleichmäßig in die vorbereitete Form geben. 1 Stunde bei Raumtemperatur ruhen lassen, bevor Riegel ausgeschnitten werden.

Die verbliebenen 50 g weiße Schokolade in einer kleinen Schüssel schmelzen und kunstvoll über jeden Riegel träufeln. Vor dem Servieren 15 Minuten ruhen lassen.

Marshmallows:
1 Portion Marshmallow-Teig Vanille Classic (S. 16)*

Reis-Crispies:
4 EL	Butter
115 g	weiße Schokolade, gehackt
120 ml	Malzmilchpulver
¼ TL	Salz
150 g	Reis-Crispies
50 g	weiße Schokolade zum Beträufeln (optional)

Für dieses Rezept den Wasseranteil in der Gelatine-Phase auf 80 ml reduzieren und den Sirup auf 120 °C aufkochen. Mindestens 8 Stunden ruhen lassen.

VOM UMGANG MIT MARSHMALLOWS

Hausgemachte Marshmallows sind sehr viel weicher und enthalten mehr Feuchtigkeit als ihre kommerziellen Gegenstücke. Auch wenn sie auf diese Weise sehr viel schmackhafter sind, neigen sie dazu, Zutaten wie Cerealien und Popcorn zu erweichen. Damit die hausgemachten Marshmallows in diesem Teil der Rezeptsammlung funktionieren, reduziert man einfach den Wasseranteil in der Gelatine-Phase, kocht den Zuckersirup heißer auf (120 °C statt 115 °C), und lässt die Marshmallows etwas länger ruhen. Das Resultat ist ein Marshmallow von größerer Festigkeit und Trockenheit.

POPCORN-BÄLLCHEN

Ergibt ca. 12 Bällchen

MARSHMALLOWS: Eine Portion Marshmallow-Teig Vanille Classic aufschlagen und mindestens 8 Stunden ruhen lassen. Die Marshmallow-Platte dritteln. Ein Drittel in einige große Stücke schneiden und die verbliebenen zwei Drittel zu Mini-Marshmallow-Würfeln von ca. 1,5 cm zerteilen. Die Mini-Marshmallows in etwas Puderzucker-Stärke-Mischung (S. 8) oder reiner Maisstärke wenden, damit sie nicht kleben. Überschuss abklopfen.

POPCORNMISCHUNG HERSTELLEN: Pflanzenöl in einen großen Topf mit schwerem Boden geben und bei großer Hitze erhitzen. Einige Popcornkörner hineingeben und Topf abdecken. Wenn alle Körner gepoppt haben, den Rest hinzufügen und zudecken. Den Topf gelegentlich schütteln, während die Körner poppen und vom Herd nehmen, wenn es nur noch ca. alle 3 Sekunden poppt. Leicht salzen und in eine große Rührschüssel geben, dabei die nicht gepoppten Körner entfernen. Sie sollten nun gut 300 g Popcorn haben. Erdnüsse und Salzstangenstücke hinzufügen.

Wenn Sie Mikrowellen-Popcorn bevorzugen, stellen Sie sicher, dass Sie gut 300 g Popcorn herstellen.

Topf auswischen und bei niedriger Hitze auf den Herd stellen. Butter und große Marshmallow-Stücke hineingeben und rühren, bis die Butter geschmolzen ist. Topf vom Herd nehmen und die Popcorn-Mischung in der Butter-Marshmallow-Masse bewegen, um sie mit der Masse zu überziehen. Mini-Marshmallows einrühren. Wenn Schokochips hinzugefügt werden, die Mischung zuvor etwas abkühlen lassen.

Die sauberen Hände großzügig mit Kochspray einfetten und die Mischung zu zwölf Bällchen formen (evtl. müssen die Hände zwischendurch ein- oder zweimal gewaschen und erneut eingefettet werden, um die Arbeit mit der Mischung zu erleichtern). Popcorn-Bällchen vor dem Servieren 20 Minuten bei Raumtemperatur ruhen lassen.

Schön als Bonbons eingewickelt, eignen sich diese Bällchen hervorragend als Mitbringsel. Plastikfolie in Vierecke schneiden und jedes Bällchen einzeln verpacken und mit einer Schleife versehen, sodass ein „Riesenbonbon" entsteht.

Marshmallows:
1 Portion Marshmallow-Teig
   Vanille Classic (S. 16)*

Popcorn-Mischung:
60 ml	Pflanzenöl
100 g	Popcornkörner
150 g	in Honig geröstete Erdnüsse
100 g	dünne Salzstangen, in Stücke von ca. 1,5 cm zerbrochen
1 EL	Butter
90 g	Mini-Zartbitter-Schokochips (optional)
	Salz

* Für dieses Rezept den Wasseranteil auf 75 ml reduzieren und den Sirup auf 120 °C hochkochen. Mindestens 8 Stunden ruhen lassen. Siehe „Umgang mit den Marshmallows" auf der vorherigen Seite.

BLONDE ROCKY ROAD

Ergibt ca. 24 Vierecke zu ca. 4 cm

Eine Backform von 20 x 20 cm mit einem großen Stück Alufolie auslegen und Folie säuberlich in die Ecken streichen.

In einer großen mikrowellengeeigneten Schüssel Toffee Chips, Erdnussbutter und Butter vermengen. Bei halber Kraft ca. 3 Minuten in der Mikrowelle erhitzen. Aus der Mikrowelle nehmen und gut umrühren. Zurück in die Mikrowelle stellen und bei halber Kraft 90 Sekunden erhitzen, herausnehmen und umrühren; nach kurzem Umrühren sollte die Masse glatt sein. Falls nicht, noch ein paar 30-Sekunden-Stöße auf höchster Stufe dazugeben und glatt rühren.

Vanille und Salz einrühren. 100 g der Marshmallows und 60 g der Erdnüsse unterrühren. Mischung auf die vorbereitete Backform stürzen und mit dem Spatel glätten. Die übrigen Marshmallows und Erdnüsse gleichmäßig über die Oberfläche streuen und mit den Handinnenflächen leicht in die Toffee-Masse drücken. Ca. 15 Minuten im Tiefkühler oder 1 Stunde im Kühlschrank kühlen, bis die Masse fest geworden ist.

Die Karamellplatte aus der Form nehmen und in Vierecke zu ca. 4 cm schneiden. Im luftdichten Behälter im Kühlschrank bis zu 1 Woche lagerfähig.

340 g	Toffee Chips (Butterscotch)
125 g	cremige Erdnussbutter
115 g	Butter, in esslöffel-große Stücke geschnitten
½ TL	reiner Vanilleextrakt
⅛ TL	Salz
125 g	hausgemachte Mini-Marshmallows (S. 17)
90 g	gesalzene Erdnüsse, in zwei Portionen aufgeteilt

✱ Wählen Sie wegen der besseren Textur eine handelsübliche, cremige Erdnussbutter, damit diese Köstlichkeit so richtig auf der Zunge zergeht.

DESSERT-DRINKS

Warme, dampfende Becher mit süßer Verführung darin rufen nach einer Handvoll (oder mehr) hausgemachter Marshmallows. Das allein ergibt bereits ein ausgewachsenes Dessert, sodass die Torte zum Nachtisch zur Not entfallen kann. Fast … Hier sind ein paar Desserts-Drinks mit dazu passenden Marshmallows.

HEISSE WEISSE SCHOKOLADE MIT MALZMILCH
Ergibt 2 Portionen

250 ml	Vollmilch
250 ml	halb Milch, halb Sahne
85 g	weiße Schokolade guter Qualität, gehackt*
⅛ TL	Salz
30 g	Malzmilchpulver
¾ TL	reiner Vanilleextrakt
	frisch geriebene Muskatnuss zum Garnieren (optional)

Hier ziehe ich Tafelschokolade den Schokochips vor. Bei einigen Rezepten kommt es nicht darauf an, aber diesen Drink macht Tafelschokolade sehr viel seidiger und opulenter.

Milch, Milch-Sahne-Mischung, weiße Schokolade und Salz in einem mittleren Topf vermengen. Bei mittlerer Hitze umrühren, bis die Schokolade vollständig geschmolzen ist und die Mischung sich lauwarm anfühlt. In den Mixer geben und Malzmilchpulver hinzufügen. Dicht schließen und 60 Sekunden mixen. Mischung in den Topf zurückgeben und neu erhitzen, bis die Mischung heiß ist. Die Vanille einrühren. Mit geriebener Muskatnuss bestäubt umgehend servieren.

Empfohlene Marshmallow-Beilagen: Vanille Classic, mit Schoko-Füllung, Honig-Aprikose, Butter-Rum, Roh(r)zucker

ULTIMATIVE HEISSE SCHOKOLADE
Ergibt 2 Portionen

420 ml	Vollmilch
60 ml	halb Milch, halb Sahne
55 g	hellbrauner Zucker, fest gepackt
60 g	Zartbitterschokolade, gehackt (60–70% Kakao)
2 EL	dunkles, ungesüßtes Kakaopulver
¼ TL	Espresso-Instantpulver
⅛ TL	Salz
½ TL	reiner Vanilleextrakt

Milch, Milch-Sahne-Milchmischung, braunen Zucker, Schokolade, Kakaopulver, Espressopulver und Salz in einen mittleren Topf geben. Bei mittlerer Hitze vermengen. Wenn die Schokolade geschmolzen und die Mischung lauwarm ist, diese in den Mixer geben. Fest verschließen und 60 Sekunden mixen. Mischung zurück in den Topf geben, bei mittlerer Hitze auf den Herd stellen und Vanille einrühren. Wieder erhitzen, aber nicht kochen lassen. Sofort servieren.

Empfohlene Marshmallow-Beilagen:
Vanille Classic, Schoko-Malzmilch, Schoko-Pfefferminz, Crème de Menthe, Meersalz-Karamell-Swirl, Erdnussbutter

GEWÜRZTE HEISSE SCHOKOLADE
Ergibt 2 Portionen

500 ml	Vollmilch
250 g	Zartbitterschokolade, gehackt
1 EL	dunkles, ungesüßtes Kakaopulver
2 EL	hellbrauner Zucker
½ TL	gemahlener Zimt*
¼ TL	gemahlener Kardamom
⅛ TL	Cayennepfeffer (mehr oder weniger, je nach Geschmack)
⅛ TL	Salz

Vietnamesischer Zimt (sogenannter Saigon-Zimt) hat das beste Aroma – das ist reine Magie!.

In einem mittleren Topf alle Zutaten vermengen. Bei mittlerer Hitze verquirlen, bis die Mischung heiß und die Schokolade geschmolzen ist. In den Mixer geben. Fest verschließen und 60 Sekunden mixen. Mischung zurück in den Topf geben und wieder erhitzen, bis die Mischung heiß ist, aber nicht kocht. Sofort servieren..

Empfohlene Marshmallow-Beigabe:
Kürbis, dunkle Schokolade, Meersalz-Karamell-Strudel, Mango-Chili-Limette, Aztekenschokolade

VANILLEMILCH MIT FÜNF GEWÜRZEN
Ergibt 2 Portionen

500 ml	Vollmilch
3 EL	Honig
½	Vanilleschote oder
1 ½ TL	reiner Vanilleextrakt
1	Sternanis
¼ TL	gemahlener Zimt
⅛ TL	gemahlene Muskatnuss
⅛ TL	gemahlener Kardamom
⅛ TL	gemahlener Ingwer
1 Prise	Salz

Alle Zutaten in einem kleinen Topf vermengen. Bei mittlerer Hitze die Mischung unter gelegentlichem Umrühren zum Köcheln bringen. Zudecken und 15 Minuten ziehen lassen. Kurz neu erhitzen, bis die Mischung gerade eben heiß ist. In Becher abseihen. Sofort servieren..

Empfohlene Marshmallow-Beilage:
Vanille Classic, Apfel-Zimt, Gewürz-Kirsche, Kürbis

Es kann nicht genug betont werden, wie wichtig beim Kochen und Backen der Gebrauch frischer Gewürze ist. Wählen Sie stets die allerbeste Qualität und halten Sie Ausschau nach Anbietern, die Gewürze lose verkaufen. Wenn Sie nur die Menge erwerben, die Sie im Laufe der kommenden 6 Monate benötigen werden, haben Sie es nie mehr mit Gewürzen zu tun, die staubig riechen und schmecken.

REGISTER

A

Ahornsirup-Speck-Marshmallows, 54
Ambrosia-Torte, 80
Ananas-Rosmarin-Marshmallows, 56
Apfel-Zimt-Marshmallows, 30
Azteken-Schokolade-
    Marshmallows, 62

B

Banane-Marshmallows, 39
Blaue-Traube-Marshmallows, 30
Blonde Rocky Road, 92
Blühender Blumengarten, 76
Brause-Marshmallows, 66
Brombeer-Marshmallows, 32
Butter-Rum-Marshmallows, 46

C

Crème-de-Menthe-
    Marshmallows, 48
Cupcakes, 85

D

Dunkle Schoko-Marshmallows, 18

E

Elvis, 54
Erdbeer-Marshmallows, 57
Erdnussbutter-Marshmallows, 68

G

Geburtstagstorte-
    Marshmallows, 72
Gedrehte Marshmallow-Stränge, 41
Gewürzkirsch-Marshmallows, 57
Gewürzte heiße Schokolade, 95
Ginger-Ale-Marshmallows, 69
Guimauve, 24

H

Hausgemachte Marshmallow-
    Creme, 26
Hausgemachte, geschichtete
    Marshmallows, 41
Hausgemachte Mini-
    Marshmallows, 17
Hausgemachte Vollkornkekse, 27

Heiße Schokolade
    (s. auch Kakaogläser), 94–95
Heiße weiße Schokolade
    mit Malzmilch, 94
Himbeer-Marshmallows, 32
Hochzeitstorte aus
    Mini-Marshmallows, 77
Honig-Aprikose-Marshmallows, 39

K

Kakaogläser, 63
Kaugummi-Marshmallows, 70
Kürbis-Marshmallows, 37

L

Limetten-Marshmallows, 34

M

Malibu-Marshmallows, 50
Malloween-Friedhof, 77
Mango-Chili-Limetten-Marshmallows, 62
Margarita-Marshmallows, 44
Marshmallows „Cookies und Creme", 17
Marshmallow-Herstellung, 76
    Arbeitsmittel, 8–10
    Aromatisieren, 33, 36, 57, 70
    Ausgefallene Marshmallows, 41
    Bastelideen, 76
    Geschenkideen, 63
    Grundzutaten, 6–8
    Handhabung der Marshmallows, 90
    Lagerung, 13
    Schichten herstellen, 41
    Tipps und Techniken, 10–12
    Tipps zur Verwendung von Alkohol, 47
Marshmallow-Hörnchen, 74
Marshmallow-Küken, 77
Marshmallow-Lollis, 41
Marshmallows
    mit gesalzenen Erdnüssen, 60
Marshmallows mit Kahlua-Füllung, 21
Marshmallows mit Konfitüre-
    Füllung, 21
Marshmallows mit Rosenölfüllung, 21
Marshmallows
    mit Schokoriegel-Füllung, 21
Marshmallow-Pralinenschachtel, 63

Marshmallow-Sandwiches
    mit Erdnussbutter
    und Konfitüre, 68
Marshmallow-Schneemann, 77
Marshmallows Vanille Classic, 16
Meersalz-Karamell-Strudel, 58
Mint-Marshmallow-Cookie-
    Sandwiches, 88
Mokka-Marshmallows, 18

P

Pfirsichlikör-Marshmallows, 47
Picknickkörbchen, 63
Popcorn-Bällchen, 91
Puderzucker-Stärke-Mischung, 8

R

Reis-Crispies, weiße Schokolade
    und Malzmilch, 90
Roh(r)zucker-Marshmallows, 61
Root Beer Marshmallows, 69
Red-Velvet-Marshmallows, 72

S

Schokochips-Marshmallows, 17
Schoko-Marshmallow-Rolle, 87
Schoko-Marshmallows
    mit Malzmilch, 22

T

Torrone-Marshmallows, 17

U

Ultimative heiße Schokolade, 94

V

Vanillecreme mit Orangenaroma, 36
Vanille-Marshmallows
    mit Schoko-Füllung, 19
Vanillemilch mit fünf Gewürzen, 95
Vegane glutenfreie
    Vollkornkekse, 27
Vegane Vanille-Marshmallows, 25

Z

Zitrone-Marshmallows, 34
Zitronen-Whoopie-Pies, 83

VANILLE CLASSIC

SCHOKOCHIPS

TORRONE

COOKIES UND CREME

DUNKLE SCHOKO

SCHOKO-PFEFFERMINZ

MOKKA

MIT SCHOKO-FÜLLUNG

MIT KAHLUA-FÜLLUNG

MIT KONFITÜRE-FÜLLUNG

SCHOKO-MALZMILCH

GUIMAUVE

VANILLE VEGAN

MARSHMALLOW-CREME

BLAUE TRAUBE

APFEL-ZIMT

SHAUN

VERRÜCKT NAC